电网企业类型化
诉讼案例应对参考

胡月玫　付晓芳　杨　冲◎主编

新华出版社

图书在版编目（CIP）数据

电网企业类型化诉讼案例应对参考 / 胡月玫，付晓芳，杨冲主编.
-- 北京：新华出版社，2024.4
ISBN 978-7-5166-7381-2

Ⅰ.①电…　Ⅱ.①胡…②付…③杨…　Ⅲ.①电力工业—工业企业—民事诉讼—案例—中国　Ⅳ.①D925.105

中国国家版本馆CIP数据核字（2024）第081788号

电网企业类型化诉讼案例应对参考

主　　编：胡月玫　付晓芳　杨　冲

责任编辑：蒋小云　　　　　　　　封面设计：中尚图

出版发行：新华出版社
地　　址：北京石景山区京原路8号　邮　　编：100040
网　　址：http://www.xinhuapub.com
经　　销：新华书店
　　　　　新华出版社天猫旗舰店、京东旗舰店及各大网店
购书热线：010-63077122　　　　中国新闻书店购书热线：010-63072012

照　　排：中尚图
印　　刷：炫彩（天津）印刷有限责任公司

成品尺寸：240mm×170mm，1/16
印　　张：11.5　　　　　　　　字　　数：160千字
版　　次：2024年4月第一版　　　印　　次：2024年4月第一次印刷

书　　号：ISBN 978-7-5166-7381-2
定　　价：58.00元

编委会

目　录

第一章

依法维权案例

※ 损坏电力设施，依法承担赔偿责任

案例一：某供电公司诉罗某、周某财产损害侵权纠纷案

一、案情简介

2010年6月10日14时28分，罗某、周某所有的运沙船在某内河道航行，因操作人员无证驾驶及疏忽瞭望，船舶皮带支架将某电力局35千伏线路跨江段A、C相导线挂断以及铁塔扭曲受损。事发后，该电力局即向公安和地方政府报告。县政府责成安监局、电力执法大队、海事局进行联合调查。

2010年9月10日，市地方海事局做出了《内河交通事故调查结论书》，认定运沙船违反了《中华人民共和国船员条例》《中华人民共和国内河交通安全管理条例》《中华人民共和国内河避碰规则》的相关规定，应承担本次事故的全部责任。

2010年6月29日，县电力执法大队委托某司法鉴定中心对本次事故进行鉴定，认定损失为107.9万元。

经多次协商未果，2010年10月，该电力局向法院提起财产损害侵权诉讼，并申请冻结了肇事船舶。

2012年6月26日，该县法院做出一审判决，判令被告承担80%的赔偿责任，被告不服一审判决向市中级人民法院提起上诉，2013年1月，在市中级人民法院的主持下，双方调解结案。

二、裁判结果

法院认定：按照《最高人民法院关于审理船舶碰撞和触碰案件财产损害

3

赔偿的规定》,本案案由为船舶损害空中设施损害赔偿纠纷。就原告损失认定问题,该司法鉴定中心出具的意见书因为是对某线路恢复原状进行的损失预算,该费用未实际发生,故不予采纳。根据上述规定,船舶触碰造成设施损害赔偿包括:设施的全损或部分损坏修复费用;在计算方面是分别以合理的修复费用或者重建费用扣除已经使用的年限折旧费计算。被告主张被挂断电线和塔材残值应冲抵赔偿费用没有证据支持,故不予采纳。因此,某线路造成的实际损失为673615.12元,即扣除了5号塔修复自行升高的费用90300元。

就责任分担问题。被告驾驶员及水手未保持正规有效的瞭望,对可能通过高度和本船支架的实际高度判断失误,未采取措施避让导致事故发生应承担80%的主要责任,原告应按照《电力设施保护条例》第十一条规定,在跨越重要公司和航道区段,应设立标志,并标明导线距穿越物体的安全距离。某线路没有标明安全标志,因此对本案触碰事故也应承担20%的一定的责任。

被告赔偿原告是因某35千伏跨江电线被挂断造成的经济损失538892.10;驳回原告其他诉讼请求;受理费14509元,保全费5000元,合计19509元,原告承担9755元。

三、法律分析

本案主要争议焦点是谁应当承担责任,损失是多少及案由是否应变更。

(一)被告应承担全部责任

1. 某市地方海事局作出2010年第1号《内河交通事故调查结论书》应当作为法院认定本案责任的依据,因为海事部门是处理内河交通事故的权威部门,有专业的人员和专业的分析手段,如同交通事故责任认定应由交警部门作出一样。本案中法院应当对该结论书进行评析,说明是否采纳的理由,但判决书没有提及;《内河交通事故调查结论书》是行政机关做出的责任认定,如果被告对此有异议,应在规定的时间内提起行政诉讼,而不是在民事诉讼中处理行政诉讼事宜。被告既然未在规定的时间内提起行政诉讼,那么就等同于放弃了权利，认同了海事部门所作出的责任划分。

2. 某电力局提交了如《某线路设计报告》、某线路跨江线路高度测量等证据，证明跨江线路的高度符合相关的法律法规和电力设施建设的要求。

3. 被告只是一味地表示跨江线路高度不符合要求，却不能提交任何的证据来证明其观点，根据"谁主张谁举证"的原则，被告在不能举证的情况下，其观点不应被法院采纳。

4. 由于某线路是1994年设计并投入使用的，根据办案律师的调查，在当时并不要求跨江线路向海事部门报批备案，并且在相关规定实施后，也没有要求实施前的线路补办手续。因此，海事部门在报告中的"某电力局应完善跨江线路的法律报备手续"的字句，只是一个建议，并不能认定为某电力局有过错。

5. 通过查阅、核实肇事船舶的相关登记证件，发现下列情况：（1）船舶登记吨位为938吨，净吨422吨。但建造出厂登记的吨位却高于登记吨位。两人存在明显的"以大报小"行为，隐瞒了船舶的真实情况；（2）根据船舶安全航行要求，该船舶在航行时，必须达到配备8人有证人员的要求。但该船舶在本次事故航行中却只有5人，并且只有两人有相关证件，且其中一人的四等轮机员证有效期至2009年10月13日截止，这就等同于无证驾驶。

罗某和周某所有的船舶存在驾驶人员不足和无证驾驶船舶的两种违法行为，这些行为都已经违反了《中华人民共和国船员条例》《中华人民共和国内河交通安全管理条例》等法律法规的规定。

综合以上观点，被告应承担本次内河交通事故的全部责任是毫无异议的。

（二）《司法鉴定意见书》中的损失鉴定能作为某电力局损失的基本依据

1. 某司法鉴定中心是一家具有电建鉴定资质的合法鉴定机构，其作出的鉴定具有法律上的效力。

2. 被告如果对该鉴定有异议，应根据《最高人民法院关于民事诉讼证据的若干规定》第二十七条的规定申请法院重新鉴定。但被告却由于鉴定费用高而不愿意重新鉴定，那么也就不能对该份鉴定提出异议。

3. 某线路虽然是1994年设计建设的，但由于被告的内河交通事故导致了2010年的跨江线路的修复，这是事故造成的直接损失，是某电力局的实际费用支出，应按照修复所发生的费用赔偿。

4. 经调阅相关资料，并未发现电力设施使用年限的规定，因此如果按照使用年限进行折旧赔偿没有法律依据。即使折旧也只能从2008年计算使用起始时间。

综合以上观点，鉴定报告应作为损失赔偿的计算依据。

（三）本案不能变更案由而适用《中华人民共和国海商法》

该法院受理此案后，经多次开庭审理突然于2011年12月提出本案案由错误，将财产损害赔偿纠纷变更为船舶损坏（空中或水下设施）损害赔偿纠纷，要适用《中华人民共和国海商法》审理本案。电力局当即提出异议。

我国《中华人民共和国海商法》第二条规定："本法所称海上运输，是指海上货物运输和海上旅客运输，包括海江之间、江海之间的直达运输。"

《最高人民法院关于海事法院受理案件范围的若干规定》现将海事法院的收案范围规定如下：

海事侵权纠纷案件

船舶损坏在空中架设或者在海底、通海水域水下敷设的设施或者其他财产的损害赔偿纠纷案件。

《最高人民法院关于适用〈中华人民共和国海事诉讼特别程序法〉若干问题的解释》第一条规定："在海上或者通海水域发生的与船舶或者运输、生产、作业相关的海事侵权纠纷、海商合同纠纷，以及法律或者相关司法解释规定的其他海事纠纷案件由海事法院及其上级人民法院专门管辖。"

而本案发生事故的水域并不是海上或者通海水域，船舶也不是进行海上运输，因此根本就不应该适用《中华人民共和国海商法》。如果真要变更案由，那么根据规定，某县人民法院就无权审理本案，应移交有权管辖的海事法院——某市海事法院。作为本案任何一方当事人仅凭这一个理由，就可以上诉至中级人民法院，撤销一审法院的判决。

四、启示与建议

1.电力设施设计与架设要依法合规是根本，特别是在建设、使用过程中，如果发现有相关规定需要向行政机关报批备案，应及时按照要求办好规定的手续。在要求报批备案之前就已经存在的线路，也应进行补办，以免在发生事故时被对方以此为由追究责任。

2.对高度、跨度等有要求的线路，应及时请测量部门进行测量并出具正规的测量报告，以备在发生纠纷时有据可查。

3.办理案件，法律理论和依据是基础，要积极从法律上找依据、即便法官有偏袒，我们也能依据法律程序予以纠正。

4.办理案件要多管齐下，获取主动。

五、相关法条

中华人民共和国民法通则

第五条　公民、法人的合法的民事权益受法律保护，任何组织和个人不得侵犯。

第一百零六条　公民、法人由于过错侵害国家的、集体的财产，侵害他人财产、人身的应当承担民事责任。

第一百三十条　二人以上共同侵权造成他人损害的，应当承担连带责任。

第一百三十一条　受害人对于损害的发生也有过错的，可以减轻侵害人的民事责任。

第一百三十四条第一款第七项　承担民事责任的方式主要有：赔偿损失。

中华人民共和国民事诉讼法（2007年修正）

第二百二十九条　被执行人未按判决、裁定和其他法律文书指定的期间履行给付金钱义务的，应当加倍支付迟延履行期间的债务利息。被执行人未按判决、裁定和其他法律文书指定的期间履行其他义务的，应当支付迟延履行金。

最高人民法院关于民事诉讼证据的若干规定（2008年调整）

第二条　当事人对自己提出的诉讼请求所依据的事实或者反驳对方诉讼请求所依据的事实有责任提供证据加以证明。

没有证据或者证据不足以证明当事人的事实主张的，由负有举证责任的当事人承担不利后果。

※ 供用电合同有约定，欠费违约需偿还

案例二：某供电公司诉某实业有限公司供用电合同纠纷案

一、案情简介

2012年3月30日，原告某市供电公司与被告某实业有限公司签订高压供用电合同并确立了双方之间的供用电合同关系，约定原告向被告提供大工业用电，被告应于每月25日前按照当月实际抄录的电量结清全部电费，同时合同约定了电量、电价、电费、违约金，以及双方之间相应的权利和义务。合同签订后，原告依约履行了合同，但自2017年3月26日起，被告拖欠电费，原告多次要求被告支付，但被告以各种理由拖延至今。2017年6月7日，供电公司起诉至当地人民法院，要求其支付拖欠的电费，并按照合同约定承担相应的违约责任，共计支付电费3617590.78元。

二、裁判结果

2017年8月24日，当地法院做出了〔2017〕鲁1103民初1516号民事判决书，判令：

1. 某公司于判决生效后十日内给付某供电公司欠付电费2845005.97元；

2. 某公司于判决生效之日起十日内支付欠付电费的违约金（违约金包括：以2279640.46元为基数按日利率2‰自2017年4月25日计算至判决应付款日，和以565365.51元为基数按日利率2‰自2017年5月25日计算至判决应付款日的总和）。

三、法律分析

1. 公司虽然已经进入破产程序，但是并非所有的债务都属于一般债务，对于类似于本案的债务，是在进入破产程序后为继续经营而产生的债务，属于公益债务。而公益债务是应当由债务人财产随时清偿的。

2. 法院受理企业破产申请后，由法院指定管理人，债权人可直接向管理人申报债权，而对于债权数额或债权形式不明的，可向受理破产案件的法院起诉，由法院依法进行确认。

3. 供电公司与企业签订的供用电合同，相关合同条文是依据《供电营业规则》制定，合同是双方真实意思的表现，且不违反法律、法规的强制性规定，应当依法遵守，任何一方出现违约，守约方可依据相应约定向违约方主张违约责任。

4. 现实中存在部分客户将他人用电接入自己电能表下，而依据双方签订的合同，电能表是双方结算电费的电能交易地点，电能表中载明的电能度数均由相应客户交付电费。客户无权以电能不是他本人使用为由拒绝交付电费。

四、启示与建议

1. 政府在城市经济发展中起领导和规划作用，特别是涉及重大经济事件时，政府的引导起关键作用。公司要善于利用政府在市场经济中的主导作用，利用政府力量帮助企业发展，解决一些困难和处境。

2. 企业在市场经济发展中难免会遇到挫折。特别是涉及一些企业资不抵债，最终走上破产道路。在这种情况下，不应当消极等待，而是要积极运用法律的力量，从法律的角度去分析问题，通过法律去解决问题，用法律手段维护企业的合法权益。

3. 强化问责机制。在以后工作工程中，各部门主管、各从业人员都应具备责任担当意识，认真负责履职，正视工作过程当中的隐患，对于因部门、从业人员重大过失或者不依法依规履职造成事故，给单位造成重大损失或较坏影响的，应予以追责。

五、相关法条

中华人民共和国企业破产法

第四十二条第四项　人民法院受理破产申请后发生的下列债务，为共益债务：为债务人继续营业而应支付的劳动报酬和社会保险费用以及由此产生的其他债务。

第四十三条第一款　共益债务应当由债务人财产随时清偿。

供电营业规则

第九十八条　用户在供电企业规定的期限内未交清电费时，应承担电费滞纳的违约责任。电费违约金从逾期之日起计算至交纳日止。每日电费违约金按下列规定计算：

1.居民用户每日按欠费总额的千分之一计算；

2.其他用户：

（1）当年欠费部分，每日按欠费总额的千分之二计算；

（2）跨年度欠费部分，每日按欠费总额的千分之三计算。

电费违约金收取总额按日累加计收，总额不足1元者按1元收取。

※ 房屋租赁拖欠款，依法维权要得款

案例三：某供电公司诉沈某、杨某、某中医门诊部
房屋租赁合同纠纷案

一、案情简介

某中医门诊部承租了某供电公司房屋，双方签订合同约定租期2018年6月11日—2020年6月10日。租金37500元每月。2020年6月10日期满后，被告三拖欠租金90万元，某公司多次催缴，被告三百般推诿，某公司起诉至法院要求三被告给付租金及延迟支付房屋租金的利息共计1162500元。

二、裁判结果

被告与原告签订的房屋租赁合同明确约定了房屋的租金标准、支付租金的期间及逾期支付租金、交付房屋的违约责任。本案被告未按照合同约定的时间向原告支付租金、返还房屋，故被告应当承担相应的违约责任，向原告支付拖欠的租金。因此判决被告某中医门诊部、杨某、沈某于本判决生效之日起支付某供电公司房屋租金及占有使用费1162500元。

三、法律分析

本案中被告某中医门诊部投资人已变更，但未经原告同意，根据《中华人民共和国个人独资企业法》第三十一条规定，个人独资企业财产不足以清偿债务的，投资人应当以其个人的其他财产予以清偿。《中华人民共和国合同法》第八十四条规定，债务人将合同的义务全部转移给第三人的，应当经债

权人同意，故原投资人、原实际经营者仍应对所欠房屋租赁款承担连带清偿责任。

四、启示与建议

要强化租赁合同签订的合规性，明确约定各关键信息，加强租赁管理，为违约事件依法维权提供前期可靠的诉讼保障。

五、相关法条

《中华人民共和国民事诉讼法》（2017年修正）第六十四条第一款 当事人对自己提出的主张，有责任提供证据。

《中华人民共和国个人独资企业法》第三十一条 个人独资企业财产不足以清偿债务的，投资人应当以其个人的其他财产予以清偿。

《中华人民共和国合同法》第八十四条 债务人将合同的义务全部或者部分转移给第三人的，应当经债权人同意。

※ 设施产权已移交，主动上诉保权益

案例四：韩某诉某县供电公司、某县街道办事处村民小组
侵权责任纠纷案

一、案情简介

根据国务院《关于加快农村电力体制改革加强农村电力管理的意见》（国发〔1999〕2号）等相关文件精神，被告某村自愿将该村集体电力资产无偿移交原某县供电公司，2004年8月30日原某县供电公司与被告某村签订《农村集体电力资产产权移交协议书》，约定被告某村除村办企业专用供电设施、农业排灌专用供电设施外的全部用户电表进表线与电表以上的电力资产无偿移交原某县供电公司，并且保证对无偿移交的财产已排除了第三方主张权利的可能。后原告一直对被告某村全部用户电表进表线与电表以上的电力资产作为移交的电力资产进行维护管理，并先后更换某村所有线路电线及设备、并新设电杆、更改部分线路。期间无任何人向原告对上述电力设施主张过权利。

2016年5月被告韩某以"供电公司、被告某县费城街道办事处某村民小组未经其同意允许，也未向其支付任何费用的情况下，擅自强行在其所有的电力线路上挂设几十块电表、向其他用电群体持续提供电力……侵犯其权益"为由向某县人民法院提起侵权责任纠纷案件，在庭审过程中被告韩某出示某县人民法院就二被告返还原物纠纷所作的〔2015〕某民初字第某号民事判决证实涉案电力设施所有权人为韩某，原告方得知二被告之间诉讼以及被诉生效民事判决书的存在。

原告认为，〔2015〕某民初字第某号民事判决所涉电力设施在移交时均在

某村村民委员会移交范围内，并没有排除在外，原告也一直是作为移交的电力资产进行维护管理十多年，并先后两次更换某村包括〔2015〕某民初字第某号民事判决中的位于某县327国道某村村南的线路在内的所有线路电线及设备、并新裁电杆，故该电力设施的产权人为原告；因〔2015〕某民初字第某号民事判决所判决认定的被告韩某在1997年架设的三相四线及部分电线杆等电力设施已更换不存在或废弃不用，法院将不存在的线路、原告架设的电力设施判归被告韩某所有错误，侵犯了原告的合法权益，为此特根据《中华人民共和国民事诉讼法》第五十六条第三款规定提出上述诉讼请求，请法院查清事实后，依法予以准判。

二、裁判结果

撤销〔2015〕某民初字第某号民事判决。

三、法律分析

1. 供电公司是否有诉权？

《中华人民共和国民事诉讼法》第五十六条规定，供电公司作为涉案产权的权利人（2016年5月被告韩某还以原告在涉案电力线路上挂设电表、向其他用电群体持续提供电力侵犯其权益为由向某县人民法院提起侵权责任纠纷案件，这足以说明原告为涉案产权的权利人）有权提起本案诉讼。

2. 原告起诉是否超时效？

2016年5月被告韩某向某县人民法院提起侵权责任纠纷案件于2016年6月21日在庭审过程中，原告方得知二被告之间诉讼以及被诉生效民事判决书的存在，后2016年12月20日原告向某县人民法院提起本案诉讼，未超法律规定的6个月起诉期限。

3. 农村电力设施产权移交协议书中未明确列明线路是否在移交范围内，涉案线路的产权人为谁？

根据国务院《关于加快农村电力体制改革加强农村电力管理的意见》（国

发〔1999〕2号）等相关文件精神，被告某村自愿将该村集体电力资产无偿移交原某县供电公司（后变更为国网山东某县供电公司，现为国网山东省电力公司某县供电公司），2004年8月30日原某县供电公司与被告某村签订《农村集体电力资产产权移交协议书》，约定被告某村除村办企业专用供电设施、农业排灌专用供电设施外的全部用户电表进表线与电表以上的电力资产无偿移交原某县供电公司（交接表中列明该村全部用电户共128户用电设施全部交接，韩某用电位于该村，属于该村用电户之一，包含在128户之内），并且保证对无偿移交的财产已排除了第三方主张权利的可能。

四、启示与建议

农村电力设施产权移交约定不明确，成为案件的主要争议。

供电公司在管理维护中，应当留存各种改造的书面资料并存档。

五、相关法条

中华人民共和国民事诉讼法（2012年修正）

第五十六条　对当事人双方的诉讼标的，第三人认为有独立请求权的，有权提起诉讼。

对当事人双方的诉讼标的，第三人虽然没有独立请求权，但案件处理结果同他有法律上的利害关系的，可以申请参加诉讼，或者由人民法院通知他参加诉讼。人民法院判决承担民事责任的第三人，有当事人的诉讼权利义务。

前两款规定的第三人，因不能归责于本人的事由未参加诉讼，但有证据证明发生法律效力的判决、裁定、调解书的部分或者全部内容错误，损害其民事权益的，可以自知道或者应当知道其民事权益受到损害之日起六个月内，向作出该判决、裁定、调解书的人民法院提起诉讼。人民法院经审理，诉讼请求成立的，应当改变或者撤销原判决、裁定、调解书；诉讼请求不成立的，驳回诉讼请求。

※ 破产重组仍欠费，共益债务随时还

案例五：某县供电公司诉山东某纺织股份有限公司
破产债权确认纠纷

一、案情简介

2018年4月13日，原告与山东某纺织股份有限公司及某置业有限公司分别签订了《高压供用电合同》，约定原告为上述两公司所属的小区及工厂提供居民用电和商业用电。

2019年8月20日县人民法院裁定受理被告山东某纺织股份有限公司破产重整一案，某置业有限公司因人格混同而被法院裁定与山东某纺织股份有限公司合并破产重整，其相关法律责任由被告山东某纺织股份有限公司承担。2020年5月6日，县人民法院裁定终止被告山东某纺织股份有限公司重整程序并宣告山东某纺织股份有限公司（山东某过滤器材科技有限公司、山东某工贸科技有限公司、某置业有限公司）破产。

被告某纺织股份有限公司自2020年4月2日开始拖欠电费，原告多次索款未果。2020年6月1日，原告向山东某纺织股份有限公司管理人发函，函件记载："截至目前，某纺织公司及所属服装分厂和4个居民小区仍在继续用电，并已拖欠电费59518.83元。至6月1日，还将再增欠费74036.586元（已抄表算费但尚未发行）。"

2020年6月11日，山东某纺织股份有限公司管理人给原告回函，函件记载"管理人经调查，此电费是四个居民小区产生的生活用电电费，被某集团公司挪用。"

证据材料：（1）《高压供用电合同》（户号分别为：041××、041××、041××、041××、066××）；（2）原告发给山东某纺织股份有限公司管理人的函（《某县供电公司关于山东某纺织股份有限公司用电问题的函》）；（3）山东某纺织股份有限公司管理人回函（《关于山东某股份有限公司用电问题的回函》）；（4）《山东某股份有限公司欠费统计表》及营销系统欠费数额截图。

二、裁判结果

法院经过开庭审理后，一审判决确认被告山东某纺织股份有限公司自2020年4月2日至2020年7月1日拖欠原告国网山东省电力公司某县供电公司的供电费用系破产共益债务。被告山东某纺织股份有限公司未上诉。

根据《中华人民共和国企业破产法》第四十二条规定："人民法院受理破产申请后发生的下列债务，为共益债务：（一）因管理人或者债务人请求对方当事人履行双方均未履行完毕的合同所产生的债务；（二）债务人财产受无因管理所产生的债务；（三）因债务人不当得利所产生的债务；（四）为债务人继续营业而应支付的劳动报酬和社会保险费用以及由此产生的其他债务；（五）管理人或者相关人员执行职务致人损害所产生的债务；（六）债务人财产致人损害所产生的债务。"本案中，山东某纺织股份有限公司管理人出具的回函明确载明拖欠的电费系被告居民小区产生的生活用电电费，被山东某纺织股份有限公司挪用，在此情况下，山东某纺织股份有限公司挪用电费的行为构成不当得利。根据《中华人民共和国企业破产法》第四十二条第（三）项的规定，该债务属于共益债务。

原告主张自2020年4月2日至2020年7月1日，被告共拖欠电费198201.23元，但未提交有效证据予以证实，故法院对所拖欠的电费数额不予认定。

三、法律分析

本案的争议焦点为：涉案所欠电费性质是否属于共益债务。

共益债务是破产程序中具有特殊地位的债务类型，是指在破产程序中为全体债权人的利益而由债务人财产负担的债务。在破产程序中，如果管理人管理的债务人的财产没有法律上的原因而获得利益并致使他人受到损害的，应将这种不当得利返还给受损害方，返还不当得利而支出的费用属于共益债务。本案中，山东某纺织股份有限公司已经进入破产程序，共益债务在破产程序中可以优先清偿，随时清偿，因此共益债务的确认也尤为重要。

本案拖欠的电费系山东某纺织股份有限公司所属居民小区的居民生活用电欠费，发生在破产阶段，经管理人调查得知，该小区的生活用电电费未及时向供电公司缴纳，且已被某集团公司挪用。因此，法院依据《中华人民共和国企业破产法》第四十二条第（三）项"因债务人不当得利所产生的债务"，确认该债务为共益债务，可随时清偿。

四、启示与建议

1. 共益债务发生争议时的解决方式：共益债务的执行主体是管理人，债权人请求管理人支付共益债务遭到拒绝时可向法院提起诉讼。本案中，公司主张涉案所欠电费为共益债务，山东某纺织股份有限公司管理人不予认可，因此公司作为主张共益债务的债权人，以债务人山东某纺织股份有限公司为被告提起了诉讼。

2. 共益债务的管辖：法院受理企业破产申请后，由法院指定管理人，债权人可直接向管理人申报债权，而对于债权数额或债权形式不明的，可向受理破产案件的法院起诉，由法院依法进行确认。按照《中华人民共和国企业破产法》第二十一条的规定，人民法院受理破产申请后，有关债务人的民事诉讼，只能向受理破产申请的人民法院提起。因此有关共益债务的诉讼由受理破产申请的人民法院管辖。

3. 在实践中，企业破产拖欠电费的情形时有发生，本案具有典型性。同时本案也有其独特性，大多数进入破产程序后拖欠的电费是为了继续经营而产生的，而本案拖欠的电费系该企业居民小区的生活用电被挪用所致。因此，在法律适用上，需依据《中华人民共和国企业破产法》第四十二条第（三）

项"因债务人不当得利所产生的债务",认定该债务为共益债务。根据《中华人民共和国企业破产法》第四十三条的规定：共益债务应当由债务人财产随时清偿。确保了拖欠的电费可以及时追缴。本案的胜诉，为供电企业追缴欠费提供了新思路，对供电企业主动维权、依法维权起到了较好的借鉴作用。

五、相关法条

中华人民共和国企业破产法

第三条　破产案件由债务人住所地人民法院管辖。

第四十二条　人民法院受理破产申请后发生的下列债务，为共益债务：

（一）因管理人或者债务人请求对方当事人履行双方均未履行完毕的合同所产生的债务；

（二）债务人财产受无因管理所产生的债务；

（三）因债务人不当得利所产生的债务；

（四）为债务人继续营业而应支付的劳动报酬和社会保险费用以及由此产生的其他债务；

（五）管理人或者相关人员执行职务致人损害所产生的债务；

（六）债务人财产致人损害所产生的债务。

第四十三条　破产费用和共益债务由债务人财产随时清偿。债务人财产不足以清偿所有破产费用和共益债务的，先行清偿破产费用。债务人财产不足以清偿所有破产费用或者共益债务的，按照比例清偿。债务人财产不足以清偿破产费用的，管理人应当提请人民法院终结破产程序。人民法院应当自收到请求之日起十五日内裁定终结破产程序，并予以公告。

※　线路通道下违规种树，树线先后关系成焦点

案例六：某供电公司诉任某，第三人某石化集团资产运营管理有限公司某石化分公司占有排除妨害纠纷案

一、案情简介

220千伏某线起点为220千伏朱台站（变电站），终点为某牵引站，其是某铁路的供电线路。220千伏某线#53号—#93号杆塔段的产权属于某石化分公司所有。2016年，经某石化分公司与某供电公司协商一致（但并未实际签订代理维护管理协议），由某供电公司对该段线路进行使用、管理与维护。

在线路巡查中，某供电公司发现任某在220千伏某线#56号—#58号杆塔间的架空电力线路保护区内种植树木（法国梧桐），且大量树木与某线之间的距离已小于《电力设施保护条例实施细则》规定的安全距离。某供电公司自发现树木危害220千伏某线安全以来，多次与任某协商砍伐线路保护区内的树木，但因双方就树木补偿标准无法达成一致意见，均为任某所拒绝，且多次激烈阻挠某供电公司依法砍伐树木。供电公司请求判决被告排除妨害、消除危险，立即砍伐220千伏某线#56号—#58号杆塔段架空电力线路保护区内所有树木；被告不自行砍伐的，判决被告承担砍伐树木所需费用5000元。

二、裁判结果

本案2020年4月3日进行了庭前调解。被告当庭提出反诉，将某供电公司和某石化分公司列为共同被告，要求承担连带赔偿责任。理由为：被告常年承包涉案区域的土地，2006年起种植法桐，当时涉案线路并未从被告的承包

地经过，系在其种植后，更改线路走径，才经过其承包地。2018年，被告种植的一排法桐主干顶端被某供电私自砍削，被告发现后，某供电提出对其余法桐进行砍伐并补偿，但至今并未给出合理补偿方案。故被告反诉要求某供电公司和某石化分公司支付青苗补偿款204800元，并承担砍伐树木所需费用。

因涉案树木与线路之间的距离已严重小于安全距离，经法官调解，任某同意由某供电公司先行将涉案树木主干顶端削剪至安全距离以外，消除现实危险，但保留在后续诉讼过程中追偿的权利。

三、法律分析

（一）如何证明线路—树木先后关系

在线路—树木相遇关系纠纷案件中，最关键的就是证明线路—树木先后关系。如果线路在先建设，那么树木即是违法种植，根据《中华人民共和国电力法》，由当地人民政府责令砍伐；根据《电力设施保护条例》，电力企业应依法予以修剪或砍伐，所需费用由树木所有人负担。如果树木在先种植，那么电力建设企业应按照国家有关规定给予一次性补偿。在本案中，经某石化分公司庭后调查，涉案线路虽为1997年建成投运，但确为2006年才迁改到任某承包地区域。据了解，2006年线路迁改到本地后的土地、青苗补偿均由桓台县政府主持，某石化分公司虽为线路产权人，但没有实际参与，目前无法找到对任某等权利人是否曾予补偿的资料。

另，任某在220千伏某线保护区内的法桐最粗者直径达到25厘米以上，经向某大型苗圃基地咨询，法桐需要六至七年即可长到25厘米。但这一说法无法作为法定证据向法庭提交。

由于任某的反诉请求为伐树补偿，因此线路—树木先后关系的证明责任实则在任某一方。目前虽未见到其掌握的证据，但是某供电公司拟向法庭申请树龄鉴定，以证明即使线路2006年才迁改到此处，依然比任某现在种植的树木建设在先。

（二）怎样确定补偿依据

经调查了解，目前公司输电线路新建和运维工作都依据《关于山东输变电工程建设用地有关的复函》（2006年1月4日）和《关于简化优化电网项目审批流程的实施意见》（鲁发改基础〔2019〕1218号），不办理线路征地手续，但按照土地征收的有关规定和征收补偿标准，支付征地补偿费和相关费用。某供电公司长期习惯参照《山东省国土资源厅、山东省财政厅关于淄博市征地地上附着物和青苗补偿标准的批复》（鲁国土资字〔2017〕354号），以树木胸径划定补偿标准，并编制相应的财务预算。但实际中，法桐、特种杨树等树木的市场价值确实远高于鲁国土资字〔2017〕354号文规定的胸径补偿标准，因此树木所有人往往主张以市场价格作为补偿标准，但却又不愿意承担有资质的机构评估或认证委托费。另一方面，供电公司也没有拨付树木价值评估或认证委托费这一类财务支出的依据。这就造成供电公司与此类树木所有人之间长期对立、僵持的局面，树木所有人任由线下树木肆意生长且激烈阻碍供电人员修剪树木，给线路安全运行造成极大的危险。本案就是一个典型例证。

四、启示与建议

由于本案的线路—树木先后关系目前无法证明，且涉案树木总价值较高，某供电公司拟变更诉讼请求为：要求被告每年定期将树木修剪至安全距离之外，如逾期不修剪的，应支付原告修剪的相应费用。

本案是一起典型的以起诉手段尝试打破信访僵局的案件。某供电公司自2017年起即开始与任某沟通保护区内树木砍伐问题，但因双方对补偿的计算方式相差甚远，导致谈判陷入僵局。与此同时，某石化分公司也一直回避某供电公司关于加快置换涉案线路产权的提议。2018年，为消除任某树木对线路的现实危险，某供电公司在未通知任某的情况下砍削了若干树木的顶端，致使矛盾激化，任某开始到某供电公司信访，除要求按照市场价格对被砍削的树木进行赔偿外，还要求按照市场价格补偿并砍伐保护区内、外的树木。

在无法继续沟通的局面下，2019年年末，某供电公司只得以占有人的身份提起占有排除妨害之诉，但前两次立案申请均被区法院驳回，理由是：①法院认为根据《中华人民共和国电力法》第六十九条，本案应属于当地经信委（发改委）的职权范围，不应通过诉讼解决；②法院称该地区从未有过该类起诉，之前有关线路—树木相遇关系纠纷的起诉均为已补偿后复种的。通过经法系统检索，全省范围内大多数也是已补偿后复种案件较多，直接起诉排除妨害的很少。经再三沟通，并按照法院要求删除了原第二项诉讼请求（"判决被告不得再在220千伏某线保护区内栽种危害电力线路安全的树木及其他植物"）后，方得以立案，此时，距最初提起立案申请已经三个月。

从立案过程的艰难，可以看出供电公司在线—树矛盾中以主动起诉手段破局的数量过少，未能使法院形成对于此类矛盾危害公共安全的认知。但事实上，随着农村居民的维权意识增强，供电公司线路运维人员在清理线下障碍的过程中遇到的困难和阻力越来越大，通过沟通、村委协调、向经信委（发改委）申请执法，甚至派出所介入等传统手段解决的成功率越来越低。

本案处理结束后，某供电公司将一方面继续增加此类诉讼，另一方面敦促基层运维人员停止在未通知树木所有人时私下砍削树顶以及其他不合理的紧急避险手段，合理留存相关证据，建立以司法途径化解矛盾的新思路，力图保护基层工作人员人身安全，减轻基层线路运维工作压力，加快线路护区障碍清理，维护电网安全稳定运行。

五、相关法条

中华人民共和国电力法（2018年修正）

第五十三条　电力管理部门应当按照国务院有关电力设施保护的规定，对电力设施保护区设立标志。

任何单位和个人不得在依法划定的电力设施保护区内修建可能危及电力设施安全的建筑物、构筑物，不得种植可能危及电力设施安全的植物，不得堆放可能危及电力设施安全的物品。

在依法划定电力设施保护区前已经种植的植物妨碍电力设施安全的，应当修剪或者砍伐。

第六十九条　违反本法第五十三条规定，在依法划定的电力设施保护区内修建建筑物、构筑物或者种植植物、堆放物品，危及电力设施安全的，由当地人民政府责令强制拆除、砍伐或者清除。

电力设施保护条例

第十条第一项　架空电力线路保护区：导线边线向外侧水平延伸并垂直于地面所形成的两平行面内的区域，在一般地区各级电压导线的边线延伸距离如下：

1-10千伏	5米
35-110千伏	10米
154-330千伏	15米
500千伏	20米

在厂矿、城镇等人口密集地区，架空电力线路保护区的区域可略小于上述规定。但各级电压导线边线延伸的距离，不应小于导线边线在最大计算弧垂及最大计算风偏后的水平距离和风偏后距建筑物的安全距离之和。

第十五条第（四）项规定，任何单位或个人在架空电力线路保护区内，不得种植可能危及电力设施安全的植物。

第十五条　任何单位或个人在架空电力线路保护区内，必须遵守下列规定：

（一）不得堆放谷物、草料、垃圾、矿渣、易燃物、易爆物及其他影响安全供电的物品；

（二）不得烧窑、烧荒；

（三）不得兴建建筑物、构筑物；

（四）不得种植可能危及电力设施安全的植物。

第二十四条　新建、改建或扩建电力设施，需要损害农作物，砍伐树木、竹子，或拆迁建筑物及其他设施的，电力建设企业应按照国家有关规定给予一次性补偿。

在依法划定的电力设施保护区内种植的或自然生长的可能危及电力设施安全的树木、竹子，电力企业应依法予以修剪或砍伐。

电力设施保护条例实施细则

第十三条　在架空电力线路保护区内，任何单位或个人不得种植可能危及电力设施和供电安全的树木、竹子等高秆植物。

关于山东输变电工程建设用地有关的复函（2006年1月4日）

第二条　输电线路杆、塔基用地，要按照我省土地征收的有关规定和征收补偿标准，支付征地补偿费和相关费用，以维护农民权益。

关于简化优化电网项目审批流程的实施意见
（鲁发改基础〔2019〕1218号）

第三条第五项　强化用地保障。输电线路工程不需办理征地手续。

※ 电力设施遭破坏，损害赔偿全追回

案例七：某供电公司诉宁某、保险公司财产损害赔偿纠纷案

一、案情简介

原告国网某市供电公司系110千伏某高压供电线路所有权人。2018年5月8日14时22分，被告宁某驾驶鲁K×××××大型吊车在某市城西街道办事处某村进行吊树作业时，没有遵守《电力设施保护条例》的相关规定，导致吊车钢丝绳与上述高压线C相导线接触发生放电，造成该线路中的C相部分高压导线（119—120号）严重受损、吊车轮胎起火等后果。为此原告供电公司不得不更换受损线路。原告供电公司曾要求被告宁某赔偿相关损失，被告宁某以没有能力为由拒绝。

原告供电公司认为：2015年10月15日，原告供电公司曾对被告宁某进行过相关"在高压线路保护区内作业施工应当注意事项"的安全教育。被告宁某明知在高压线路保护区内作业可能造成高压线路损坏或人身触电等事故发生，但仍违反《电力设施保护条例》相关规定作业，导致原告供电公司高压线路严重受损，应当承担全部侵权责任。

宁某认为，其操作的大型吊车在保险公司投保第三者强制险和商业险，应当追加保险公司作为共同被告。经供电公司申请，法庭同意追加保险公司做共同被告。

二、裁判结果

法院认为，被告宁某操作汽车吊进行吊装作业时，损坏原告所有的涉案

高压线路，被告宁某负事故全部责任，对原告造成的经济损失数额为98700元，事实清楚，证据充分，法院予以认定。

被告宁某在被告保险公司处投保交强险及第三者责任商业保险，被告保险公司即应在保险承保范围内承担赔偿责任。

法院依据《中华人民共和国合同法》第三十九条，《中华人民共和国侵权责任法》第六条，《中华人民共和国保险法》第二条、第十七条之规定，判决如下：

1. 被告保险公司在机动车交通事故责任强制保险限额内赔偿原告供电公司财产损失2000元。

2. 被告保险公司在第三者责任商业保险限额内赔偿原告供电公司财产损失96700元。

3. 驳回原告供电公司的其他诉讼请求。

案件受理费1398元（系减半收取），由原告供电公司负担293元，由被告保险公司负担1105元。鉴定费6000元，由原告供电公司负担1257元，被告保险公司负担4743元。

三、法律分析

法律问题：保险公司是否当承担事故赔偿责任？

被告宁某辩称，同意承担事故的全部责任，原告的合理损失应由被告人保险公司承担赔偿责任。

被告保险公司辩称，涉案车辆在我公司投保交强险、第三者责任商业保险、车损险及不计免赔，对事故发生的事实没有异议，但认为本案事故不属于交通事故，保险公司不应承担交强险及商业险的赔偿义务。理由如下：

首先，事故车辆系施工作业时发生事故，属于重大安全生产事故，不属于交通事故，不适用机动车交通事故强制责任保险条例第44条的规定。

其次，事故车辆既可以进行吊装作业，也具有普通机动车行驶运输功能，认定该车适用何种保险，应视该车辆在发生事故之时，体现的是行驶功能还是专业作业功能？也就是说本案事故车辆在吊装作业时体现的是特种车特定功能，对应的保险险种应当是特种车商业险，而在保险公司与被告约定的商业险合同中第八条第6款明确规定，驾驶员应当持证上岗，本案中宁某未持证上岗，故商业险也应免赔。

被告宁某称有证件，但因事故车辆起火烧毁，后经咨询市场监督管理局，该种车辆操作证书已经取消，保险条款也从未收到，也无人告知相关的免责事由。经网络查询，可以查询到被告宁某取得了流动起重车的相关操作证书，被告宁某系持证上岗的事实可以认定。被告保险公司未能提交向宁某交付保险条款并就免责条款作出说明的相关证据，据此可认定被告保险公司未就免责条款履行告知义务。

法院认为：被告宁某在被告保险公司处投保交强险及第三者责任商业保险，被告保险公司即应在保险承保范围内承担赔偿责任。

交强险系国家为保障受害人权益得到及时保障而强制机动车主购买的一种保险，具有强烈的社会保障性，本案涉案车辆作为特种车辆，主要用途是特殊作业而非道路行驶，被告保险公司对此也应明知，其以本案事故不属交通事故为由而拒绝在交强险限额内承担赔偿责任，既不符合客观实际也不符合交强险的设立初衷，故其答辩意见不当，法院不予支持。

被告宁某系持证上岗，被告保险公司也未就免责条款尽到如实告知义务，免责条款在本案中不发生效力，故被告保险公司不同意在商业险限额内予以理赔的答辩意见，没有事实依据，法院亦不予支持。

四、启示与建议

在本次外力破坏电力设施纠纷案件中，供电公司胜诉离不开前期保护现场及收集现场证据等相关工作。

1. 及时报警。输电运检班人员达到现场，在确认事故原因后，第一时间以电力设施被损坏为由，拨打110报警，协助民警控制现场，通知肇事车主、业主单位负责人等相关方到场做笔录。

2.完整取证。事故发生后，立即通知公司运检部、安监部、市经信委、公安和新闻媒体到达现场，在主管部门和民警的协助下，对现场进行拍照、录像，重点放在记录人员和设备损失情况，电力部门在施工现场的安全警示和前期应履行的教育告知情况。最后，与肇事人签订"事故责任确认单"，明确肇事方的侵权责任。

3.进行财产保全。为便于案件胜诉后的执行，供电公司在提起赔偿请求的同时，申请法院进行财产保全，对肇事车辆吊车进行查封，给肇事方配合案件审理起到了积极作用。

4.合理定损。针对此类案件，针对输电线路导线损失及更换等综合成本进行合理定损，通过第三方评估机构价格评估以及庭审质证，法院认可此项费用计入损失费用中，通过合理定损，有效维护公司合法权益。

因城市基础设施的建设不断扩展，如何减少类似涉案事故的发生是供电企业急需解决的新课题。建议：一是继续加大《电力设施保护条例》等相关法律法规的宣传力度；二是加大输电线路的巡回检查，探索在重要、主要输电线路安装监控装置等新型监控管理手段；三是联合政府相关部门、司法机关加大违法打击力度，让违法者既承担民事赔偿责任，还要受到行政处罚，构成犯罪的移送司法部门处理。

2018年，某市向全社会发布电力设施保护指导性文件《关于开展联合执法严厉打击破坏电力设施违法犯罪活动的通告》。定期向政府报送专报。破坏电力设施行为按《某市自然人和社会法人信用评价规定》相应条款，面临扣除征信积分的处罚。本案扣减宁某征信20分。这是某市首例因外力破坏供电公共设施造成严重损失而扣除征信分的。

五、相关法条

中华人民共和国合同法

第三十九条第一款　采用格式条款订立合同的，提供格式条款的一方应当遵循公平原则确定当事人之间的权利和义务，并采取合理的方式提请对方注意免除或者限制其责任的条款，按照对方的要求，对该条款予以说明。

中华人民共和国侵权责任法

第六条 行为人因过错侵害他人民事权益，应当承担侵权责任。根据法律规定推定行为人有过错，行为人不能证明自己没有过错的，应当承担侵权责任。

中华人民共和国保险法

第二条 本法所称保险，是指投保人根据合同约定，向保险人支付保险费，保险人对于合同约定的可能发生的事故因其发生所造成的财产损失承担赔偿保险金责任，或者当被保险人死亡、伤残、疾病，或者达到合同约定的年龄、期限等条件时承担给付保险金责任的商业保险行为。

第十七条 订立保险合同，采用保险人提供的格式条款的，保险人向投保人提供的投保单应当附格式条款，保险人应当向投保人说明合同的内容。

对保险合同中免除保险人责任的条款，保险人在订立合同时应当在投保单、保险单或者其他保险凭证上作出足以引起投保人注意的提示，并对该条款的内容以书面或者口头形式向投保人作出明确说明；未作提示或者明确说明的，该条款不产生效力。

※ 线路通道伐青苗，新发重发成焦点

案例八：某供电公司诉孙某青苗补偿合同纠纷

一、案情简介

2017年8月26日，某供电公司与孙某签署《赔偿协议书》，约定某供电公司为清理220千伏某线4—5号杆塔、220千伏某线24—26号杆塔间的电力线路保护区内的孙某所有的树木，一次性向孙某补偿12300元；孙某负责清理全部树木，并不再种植高秆植物、超高树木及速生树苗；对于清理完毕后重发的树木，孙某负责自行清理，且某供电公司不再支付任何费用。当日，某供电公司以现金方式向孙某支付了12300元补偿费用，孙某签字、按手印确认收到，并承诺："树木清理后，不再种植任何超高树木，新发的树木自行清理，线路护区内的银杏树等经济树木，本人明年保证进行迁移到线路防护区15米以外（由于本人要求为了遮阴，保留修剪过的榆树，法桐、国槐、香椿等树木高度保证不超过4米，超高时及时修剪）。"

2020年6月15日，某供电公司工作人员在巡视220千伏某线4—5号杆塔时，发现孙某树木与架空线路之间的垂直距离仅4.2米，已不满足《电力设施保护条例实施细则》第十六条第二款第（四）项"架空电力线路导线在最大弧垂或最大风偏后与树木之间的安全距离为：220千伏，最大垂直距离4.5米"的规定。6月28日，某供电公司工作人员联系孙某，要求孙某按照《赔偿协议书》的约定对线下新发树木进行清理，对线下不满足距离要求的树木进行修剪，但孙某均明确拒绝。

截至起诉前，某供电公司工作人员再次对此处线路与树木之间的垂直距离进行测量，线下新发杨树与线路垂直距离仅3米。由于今年雨水激增，新发杨树生长迅速，孙某故意违反与某供电公司之间协议的行为，将对电力线路安全运行造成重大危险。

当树木与带电线路的距离小于法定的最大垂直距离时，树木与带电线路之间的空气将被击穿造成接地，出现接地电流；且由于树木与带电线路之间的电场是极不均匀电场，在空气被击穿之前，树木与带电线路之间就会发生电晕放电，产生微小的接地电流。220千伏电力线路属于中性点直接接地系统，一旦出现接地电流，就会造成线路跳闸故障，引发线路停电，危害线路供电的居民、工厂用电安全；此外，如有行人经过接地点附近，可能造成人身触电伤害，对社会公共安全造成严重威胁。

1.判决孙某根据双方协议，立即清理220千伏某线4—5号杆塔间的电力线路保护区内全部新发树木；2.判决孙某根据双方协议，对220千伏某线4—5号杆塔间的电力线路保护区内不满足对线路距离要求的树木进行修剪；3.判决孙某自行修剪、清理时，邀请某供电公司工作人员在现场进行安全监护；4.孙某不自行修剪、清理的，应支付某供电公司代其进行树木修剪、清理的所有费用（暂估2000元，以实际发生费用为准）。

二、裁判结果

经某区法院主持调解：一、某供电公司自行清理220千伏某线4—5号杆塔之间，电力线路保护区内，供电公司、孙某于2017年8月26日签订赔偿协议书后所砍伐全部速生杨后，所有重发、新发的速生杨树；二、某供电公司自行修剪220千伏某线4—5号杆塔之间，电力线路保护区内，供电公司、孙某于2017年8月26日签订赔偿协议书后所修剪的其他树种至消除安全隐患状态，具体标准由某供电公司自行决定，但不得过度修剪影响树木生存；2017年8月26日签订赔偿协议书后未砍伐的两棵速生杨，按照前述标准进行修剪；三、某供电公司自行清理、修剪以消除安全隐患时，孙某予以配合，不得以任何理由予以阻挠；四、某供电公司自行清理、修剪后的树木残枝，某供电公司自行运走；五、某供电公司自愿放弃其他诉讼请求。案件受理费175.00元，由某供电公司负担。

三、法律分析

（一）树木"新发"是否等于"重发"

本案树木隐患的重点是，2017年签订协议后砍伐的速生杨，从断口重新生发出的枝干现已突破线路安全距离。对这种情况的描述，某供电公司输电运检四班的《汇报》和公司向法院提交的起诉状中采用的是"新发"，《赔偿协议书》采用的是"重发"，但两者都非官方或通俗说法。

在庭审中，孙某代理人攻击的主要焦点就是认为"新发"不等于"重发"，因此孙某没有违约。某供电公司抗辩认为，第一，诉讼请求和原合同用词不同并不能够造成表意差异，在合同签订时双方已达成合意，即孙某应自行清理线下重新生发的树木、枝干，以保障电力设施安全，这是孙某应承担的主合同义务；第二，根据电力法、电力设施保护条例的立法精神，电力企业对电力设施需要砍伐树木、竹子系给予一次性补偿，对于在依法划定的电力设施保护区内种植的或自然生长的可能危及电力设施安全的树木均不再补偿，依法予以修剪或砍伐。

（二）孙某应当履行的不同行为是什么

根据双方签订的《赔偿协议书》、孙某的承诺书和涉案现场实际，2017年协议签订后，某供电公司砍伐了150棵速生杨、修剪了96棵其他树木（榆树、槐树、桐树和香椿），仍余2棵速生杨不知什么原因而没有算进砍伐范围内，保留至今。案发前，全部树木均已超高。因此，根据合同约定，孙某应当清除150棵速生杨的全部重发枝干、将96棵其他树木修剪至安全距离之下。对于2棵2017年没有处理的速生杨，需要某供电公司与孙某重新协商确定处理方式，但必须保障电力线路安全。这些处理方式原则上应由孙某自己着手。

在实际庭审中，孙某及其代理人一直坚决拒绝承认其应依照协议清理树木。审判员查明案件事实后，对孙某进行了批评教育，也强调了一旦造成停电、触电等事故，孙某自己亦应承担无法推卸的法律责任。此后孙某答应履行协议，但又辩称其年老体弱，无力完成几百棵树木的清理工作。为尽快化解矛盾，淄博公司在审判员的敦促下作出让步，表示愿意自行雇佣施工队清理所有树木，条件是孙某放弃对2棵速生杨修剪求偿的权利。孙某对2棵速生杨不置可否，但强调某供电公司必须将修剪下的残枝落叶全部清走，不得再像2017年那样随意丢弃在其承包地内，为其通行造成不便。

四、启示与建议

本案自8月6日提起诉讼起，至8月22日当庭调解结案至，历时28天，解决了困扰输电班组长达半年的220千伏某线树木隐患。此次维权成功的因素是多方面的，既有法律部门较为成熟的树木隐患起诉案件处理经验，也幸而有属地班组的青苗补偿协议签订细致、保存得当之功。

事实上，并非所有的线下树木隐患案件都能如此顺利。在以往案件中，线路建设、运维部门存在较多工作瑕疵，例如青苗补偿协议应签未签、补偿树木处理方式填写不明、现金补偿未附收据、收款人并非树木所有人、青苗补偿协议格式条款设置不具体全面等，都会使法务人员在诉讼中感到掣肘，陷入被动，最终难以保证案件处理结果。

本案结案后，结合之前的案件的经验和教训，供电公司办公室与相关部门会商修订了树木（青苗）补偿协议模板，规范了诸多术语的用法（例如应当是"补偿"而非"赔偿"）增加收款人承诺、树木（青苗）所有权声明、乙方清理义务的具体范围、清理前后对比照片和相关法律法规等，对树木（青苗）补偿协议。下一步计划针对协议模板修改内容、修改背景、协议填写方式等事项出具法律风险提示书，向总经理汇报后签发，在全公司范围内启用新的模板。

五、相关法条

中华人民共和国电力法

第五十三条　电力管理部门应当按照国务院有关电力设施保护的规定，对电力设施保护区设立标志。

任何单位和个人不得在依法划定的电力设施保护区内修建可能危及电力设施安全的建筑物、构筑物，不得种植可能危及电力设施安全的植物，不得堆放可能危及电力设施安全的物品。

在依法划定电力设施保护区前已经种植的植物妨碍电力设施安全的，应当修剪或者砍伐。

第六十九条　违反本法第五十三条规定，在依法划定的电力设施保护区内修建建筑物、构筑物或者种植植物、堆放物品，危及电力设施安全的，由当地人民政府责令强制拆除、砍伐或者清除。

中华人民共和国合同法

第六十条　【严格履行与诚实信用】当事人应当按照约定全面履行自己的义务。

当事人应当遵循诚实信用原则，根据合同的性质、目的和交易习惯履行通知、协助、保密等义务。

第一百一十条　【非金钱债务的违约责任】当事人一方不履行非金钱债务或者履行非金钱债务不符合约定的，对方可以要求履行，但有下列情形之一的除外：

（一）法律上或者事实上不能履行；

（二）债务的标的不适于强制履行或者履行费用过高；

（三）债权人在合理期限内未要求履行。

电力设施保护条例

第十条第一项　架空电力线路保护区：导线边线向外侧水平延伸并垂直于地面所形成的两平行面内的区域，在一般地区各级电压导线的边线延伸距离如下：

1~10千伏　　　　5米

35~110千伏　　　10米

154~330千伏　　15米

500千伏　　　　20米

在厂矿、城镇等人口密集地区，架空电力线路保护区的区域可略小于上述规定。但各级电压导线边线延伸的距离，不应小于导线边线在最大计算弧垂及最大计算风偏后的水平距离和风偏后距建筑物的安全距离之和。

第十五条第四款　任何单位或个人在架空电力线路保护区内，必须遵守下列规定：

（四）不得种植可能危及电力设施安全的植物。

第二十四条　新建、改建或扩建电力设施，需要损害农作物，砍伐树木、竹子，或拆迁建筑物及其他设施的，电力建设企业应按照国家有关规定给予一次性补偿。

在依法划定的电力设施保护区内种植的或自然生长的可能危及电力设施安全的树木、竹子，电力企业应依法予以修剪或砍伐。

电力设施保护条例实施细则

第十三条　在架空电力线路保护区内，任何单位或个人不得种植可能危及电力设施和供电安全的树木、竹子等高秆植物。

※ 拒绝执行电价政策，依法追回差价电费

案例九：某供电分公司诉某铁路客运专线有限责任公司
供用电合同纠纷案

一、案情简介

2017年5月26日，国家发改委下发《国家发展改革委办公厅关于明确铁路电价有关政策的复函》（发改办价格〔2017〕1717号），规定自2017年6月1日起取消电铁还贷电价，规定对铁路牵引用电不执行峰谷分时电价，但对牵引以外用电是否执行峰谷分时电价没有规定，如站用电。某省供电公司要求铁路部门就牵引用电之外的其他用电，自2017年6月1日起执行峰谷分时电价，铁路部门以全国其他省份未执行峰谷分时电价为由拒绝。某省供电公司和铁路部门分别向省发改委请示，省发改委2018年分别复函某省供电公司、铁路部门，确认"除牵引用电以外的生产、服务、办公等其他铁路用电，用电容量超过100千伏安（千瓦）的，执行峰谷分时电价"。但到2018年8月，铁路部门仍拒绝执行峰谷分时电价政策。

某省供电公司经会商，确定以点带面、重点突破，由某市供电公司起诉某铁路客运专线有限责任公司（以下简称某铁路公司），请求法院判决某铁路公司支付峰谷分时差价电费259.69万元，并按年利率24%支付违约金。

二、裁判结果

一审法院判决：1.被告向原告支付截至2018年8月31日欠付的电费2596915.66元；2.支持违约金140922元。二审维持原判。

三、法律分析

（一）某铁路公司除牵引用电以外用电是否应当执行峰谷分时电价

双方对除牵引用电以外用电超过100千伏安的事实无争议，主要是是否应执行丰枯季节、峰谷分时电价。《国家发展改革委办公厅关于明确铁路电价有关政策的复函》（发改办价格〔2017〕1717号），规定"参与电力市场交易前，电气化铁路牵引用电不执行峰谷分时电价政策。参与电力市场交易后，电气化铁路牵引用电由市场形成用电价格"，该文件对除牵引用电是否应执行峰谷分时电价并没有规定。《某省物价局关于进一步规范电价管理有关问题的通知》（某价电〔2014〕106号），第三条明确规定"铁路不执行峰谷分时电价"，但《某省发展和改革委员会关于铁路电价有关问题的复函》（某发改函〔2018〕5号）和《某省发展和改革委员会关于在某电气化铁路峰谷分时电价政策有关问题的复函》（某发改函〔2018〕298号），明确"除牵引用电以外的生产、服务、办公等其他铁路用电，用电容量超过100千伏安（千瓦）的，执行峰谷分时电价""现有办法和规定与本函不一致的，按本函的规定执行"。文件都是同一部门行文，2018年文件否决2014年的文件，因此某铁路公司除牵引用电以外用电是否应当执行峰谷分时电价。

（二）供电公司单方从电费系统导出的欠费数据能否作为定案依据

本案欠费数据明细虽然是国网某供电公司单方从电费系统中导出，但现场用电检查单等证据证明系统数据与现场的计量装置数据一致。从现有证据来看，某铁路公司一直按国网某供电公司从系统中导出的数据支付电费，没有电量电费核对流程，双方一直无异议。在本案中，某铁路公司也未提供相关证据，从高度盖然性来看，该数据可以作为定案依据。

（三）电费违约金该如何计算

依据《供用电合同》第5.5条约定，某铁路公司应于月底前支付当月电费。若逾期缴纳电费的，第10.2.1条约定，其应当从逾期之日起至缴纳之日止缴纳违约金，当年欠费部分，每日按当年欠费总额的2‰计算；跨年度欠费部分，每日按跨年度欠费总额的3‰计算。将前述违约金标准按年换算，当年欠费部分年利率达72%，跨年部分更高达108%，标准明显过高。某供电公司起诉要求按年利率24%计算违约金，某铁路公司未提出减少请求，且年利率24%不超过民间借贷水平，应当可以支持。

四、启示与建议

（一）可能存在的法律合规风险

关于是否要执行峰谷分时电价，双方产生很大的分歧，铁路部门一直不认可省发改委的意见。某供电公司通过运用法治思维和法治方式，依法主动维权，解决了持续近三年的铁路车站用电应否执行峰谷分时电价的争议。

（二）合规建议

1.加强档案管理和资料保管。供用电合同是双方产生纠纷后的主要证据，但因用户多、供用电时间长、用电办理手续不规范等原因，导致无供用电合同或供用电合同遗失，在诉讼中存在举证不能的败诉风险。

2.完善用电人对用电数据的确认程序。公司系统计量方面早已实现远程抄表，但因电量没有经过用电人的确认，导致发生纠纷时，供电公司存在举证不能的重大风险。建议可在供用电合同或补充协议中明确约定同意按供电人系统数据进行交费，或在电费缴纳通知中明确告知用电人用电的情况，并要求其确认（交费即视为确认）。

五、相关法条

中华人民共和国合同法

第一百零九条 【金钱债务的违约责任】当事人一方未支付价款或者报酬的，对方可以要求其支付价款或者报酬。

第一百一十四条　【违约金】当事人可以约定一方违约时应当根据违约情况向对方支付一定数额的违约金，也可以约定因违约产生的损失赔偿额的计算方法。

约定的违约金低于造成的损失的，当事人可以请求人民法院或者仲裁机构予以增加；约定的违约金过分高于造成的损失的，当事人可以请求人民法院或者仲裁机构予以适当减少。

当事人就迟延履行约定违约金的，违约方支付违约金后，还应当履行债务。

第一百七十六条　【定义】供用电合同是供电人向用电人供电，用电人支付电费的合同。

※ 私自增容另需补缴电费，依法停电损失自身承担

案例十：某供电公司诉某砖厂供用电合同纠纷案

一、案情简介

2003年4月5日，某供电公司（以下简称供电公司）与某砖厂签订《高压供用电合同》，约定：砖厂变压器最高受电容量为200千伏安。2011年3月，砖厂购置250千伏安变压器，向供电公司申请增容。供电公司工作人员在未履行增容手续的情况下，私自为砖厂安装了250千伏安变压器。2015年5月11日，供电公司在用电检查中发现砖厂私自将变压器增容至315千伏安，遂向砖厂送达《限期整改通知书》，要求砖厂补交容量电费及3倍违约使用电费。砖厂拒不缴纳，供电公司履行停电通知义务后，于2015年7月24日采取停电措施。2015年9月1日，砖厂将供电公司起诉至法院，要求供电公司恢复供电，并赔偿停电损失135万元。

二、裁判结果

本案历经一审、二审、再审、发回重审一审、二审五个阶段，历时四年，为企业避免经济损失92万元。

1. 一审县法院认为供用电合同系真实意思表示，合同合法有效。2011年3月砖厂购置并安装250千伏安变压器，直至2015年5月以前，供电公司并未对此提出异议，视同供电公司认可砖厂增容至250千伏安的事实。2015年6月供电公司现场检查发现砖厂私自将变压器增容至315千伏安，但是在砖厂对增容行为持有异议，供电公司在没有取得确凿的证据证明砖厂存在增容行为的前

提下，即采取停电措施，导致砖厂停业，构成违约，应对砖厂产生损失进行赔偿，遂按照中介机构评估损失判决供电公司赔偿83万元。

2. 供电公司提起上诉。一是砖厂私自增容属于违约用电，供电公司依法对其采取停电措施，不构成违约行为；二是评估报告计算损失时，按照全年满负荷计算，未考虑地理、气候，未扣除不适应生产的期间，人为扩大砖厂损失，不能作为裁判的依据。二审认为，供用电合同约定"如合同在履行的过程中发生争议，双方应通过协商、行政调解、仲裁或诉讼的方式予以解决"，但供电公司未按照合同约定的方式，解决砖厂是否存在增容行为的争议，而直接采取停电措施，违反了合同的约定，构成违约，并认为评估报告充分考虑新疆地域季节性因素，评估结果客观真实，遂驳回上诉，维持原判。

3. 二审判决下达后，2016年7月供电公司以砖厂违约用电为由，另案起诉砖厂支付基本电费及违约电费合计176万元（以下简称案件二），并在诉讼过程中提出对变压器容量进行司法鉴定，案件二一审法院委托某变压器厂试验站进行了司法鉴定，鉴定报告证明砖厂现用"变压器容量与铭牌不符，实际容量为315千伏安"。案件二的一、二审法院依据该检测报告判决砖厂向供电公司补缴电费8.77万元，并确认砖厂私自增容的事实。砖厂不服案件二的判决，申请再审，自治区高院驳回其再审申请。供电公司终于以生效判决书的方式确认了砖厂私自增容的事实。

2016年11月，供电公司申请再审，并提交了某变压器厂试验站出具鉴定报告，提出原一审、二审判决依据的评估报告无效，该评估机构资质名称与营业执照及公章不一致，且评估机构营业范围仅为保险标的相关评估，本案事项超出其评估范围。自治区高院审理后，指令再审，某院再审后裁定撤销原一审、二审判决，发回原一审法院重审。

4. 供电公司在发回重审阶段，提交两份重要证据：一是案件二生效判决书和某变压器厂试验站出具的司法鉴定报告，证明变压器容量为315千伏安，砖厂存在私自增容的事实；二是县国土资源局出具的证明，证实砖厂采矿许可证到期未续，后续经营行为系违法经营。综合两份证据证明砖厂存在违约用电行为，供电公司在要求其整改被拒绝的情况下，采取停电措施不是违约行为，而且砖厂在未取得采矿许可证的前提下违法经营，所获得的利益不受法律保护。重审一审法院审理后依然认为，供电公司在未查明砖厂是否私自增容、拖欠增容电费的情况下，擅自停电，属于违约行为，对砖厂造成的损失应承担赔偿责任，故判决供电公司向砖厂恢复供电并赔偿损失83万元。

5. 供电公司以重审一审法院认定事实错误，无视法院生效文书——自治区高院的生效裁决（〔2018〕某民申822号），认定的砖厂私自增容事实，剥夺供电企业对危害公共用电安全的非法行为采取停电措施的权利，错误援引《中华人民共和国电力法》六十五条，为供电公司创设义务，上诉至某高分院。某高分院认为：一是自治区高院的生效裁决（〔2018〕某民申822号）已经认定砖厂私自增容系违法用电行为，根据《中华人民共和国合同法》第一百八十条、《中华人民共和国电力法》第二十九条、《供电营业规则》第六十七条第二款、《电力供应与使用条例》第三十条之规定，供电公司履行停电通知义务后，依法停止供电行为合法。二是2012年砖厂的采矿许可证已过期，砖厂在诉讼中并未新获取采矿业务许可证，根据《中华人民共和国民法总则》和《中华人民共和国侵权责任法》关于保护民事主体合法权益的规定，法律不保护非法利益，砖厂的损失不具有合法性。三是证明砖厂损失的评估报告，评估价格基准日与砖厂主张损失期间不符，且评估报告认定的损失范围与砖厂诉讼主张不一致，不能证实损失的合法性和真实有效性，遂撤销一审判决，驳回砖厂诉讼请求。

三、法律分析

1. 砖厂是否存在私自增容的事实以及供电企业发现用户私自增容，对其采取停电措施是否有法律依据。本案中，供电公司通过现场容量检测发现砖厂变压器容量与系统容量、变压器铭牌均不一致，即通过公证方式对该变压器进行保全，由法院委托鉴定机构，鉴定确认砖厂私自增容事实，并另案起诉，以法院生效判决的方式固化证据。根据《电力供应与使用条例》第三十条规定，擅自超过合同约定的容量用电，属于《中华人民共和国电力法》第三十二条规定的"危害供电、用电安全或者扰乱供电、用电程序"行为，依据《中华人民共和国电力法》第六十五条、《中华人民共和国合同法》第一百八十条规定，用电人违法用电的，供电人可以采取停电措施。据此，供电公司中止供电不是违约行为，而是根据法律规定采取的必要措施。

2. 供电公司是否应承担中止供电造成的损失。根据《中华人民共和国合同法》第一百八十条、《供电营业规则》第六十七条之规定，本案中，在砖厂违法用电的情况下，供电公司依法履行了停电所有程序，不应承担赔偿责任。

四、启示与建议

1. 强化用户侧用电管理。一是加强"反窃查违"全流程作业的规范性管理，注重固化完整证据链条，准确计算追补电费，及时、足额录入营销业务系统，规范上传照片等证据。二是全面梳理商业楼、居民小区用电情况，重点关注高损台区、高损线路用户，建立重点排查台账，明确责任人，现场逐一核查。三是强化大数据应用，动态监控营销业务应用系统、用电信息采集系统，发现异常数据，立即现场核实情况。四是定期核对计量装置的安全性和密封性，发现异常，应及时排查原因，属于窃电或者违约用电的，应及时采取有效措施，固化证据，必要时，引入公证、鉴定；五是对本案反映出供电所人员未履行增容手续为用户增容的问题，进行排查整改，严格执行公司规章制度，避免类似事件的发生。

2. 在发现用户私自增容、窃电等违法行为时，一定要做好证据留存，通过录音录像等形式固化证据，必要时可以邀请电力主管部门共同查处，并要求负责人签收相关检查文书，如果拒签，采用公证、在其门口张贴并拍照、见证人见证等方式保全证据。

3. 在采取停电措施时，一定严格按照法律规定履行停电通知义务，并留存证据。

五、相关法条

中华人民共和国电力法

第二十九条　供电企业在发电、供电系统正常的情况下，应当连续向用户供电，不得中断。因供电设施检修、依法限电或者用户违法用电等原因，需要中断供电时，供电企业应当按照国家有关规定事先通知用户。

用户对供电企业中断供电有异议的，可以向电力管理部门投诉；受理投诉的电力管理部门应当依法处理。

第三十二条　用户用电不得危害供电、用电安全和扰乱供电、用电秩序。

对危害供电、用电安全和扰乱供电、用电秩序的，供电企业有权制止。

第六十五条　违反本法第三十二条规定，危害供电、用电安全或者扰乱供电、用电秩序的，由电力管理部门责令改正，给予警告；情节严重或者拒绝改正的，可以中止供电，可以并处五万元以下的罚款。

电力供应与使用条例

第三十条　用户不得有下列危害供电、用电安全，扰乱正常供电、用电秩序的行为：

（一）擅自改变用电类别；

（二）擅自超过合同约定的容量用电；

（三）擅自超过计划分配的用电指标的；

（四）擅自使用已经在供电企业办理暂停使用手续的电力设备，或者擅自启用已经被供电企业查封的电力设备；

（五）擅自迁移、更动或者擅自操作供电企业的用电计量装置、电力负荷控制装置、供电设施以及约定由供电企业调度的用户受电设备；

（六）未经供电企业许可，擅自引入、供出电源或者将自备电源擅自并网。

中华人民共和国合同法

第一百八十条 【中断供电的通知义务】供电人因供电设施计划检修、临时检修、依法限电或者用电人违法用电等原因，需要中断供电时，应当按照国家有关规定事先通知用电人。未事先通知用电人中断供电，造成用电人损失的，应当承担损害赔偿责任。

供电营业规则

第十六条第一款 任何单位或个人需新装用电或增加用电容量、变更用电都必须按本规则规定，事先到供电企业用电营业场所提出申请，办理手续。

第六十七条 除因故中止供电外，供电企业需对用户停止供电时，应按下列程序办理停电手续：

1. 应将停电的用户、原因、时间报本单位负责人批准。批准权限和程序由省电网经营企业制定；

2. 在停电前三至七天内，将停电通知书送达用户，对重要用户的停电，应将停电通知书报送同级电力管理部门；

3. 在停电前30分钟，将停电时间再通知用户一次，方可在通知规定时间实施停电。

第九十五条 供用双方在合同中订有电力运行事故责任条款的，按下列规定办理：

1. 由于供电企业电力运行事故造成用户停电的，供电企业应按用户在停电时间内可能用电量的电度电费的五倍（单一制电价为四倍）给予赔偿。用户在停电时间内可能用电量，按照停电前用户正常用电月份或正常用电一定天数内的每小时平均用电量乘以停电小时求得。

2. 由于用户的责任造成供电企业对外停电，用户应按供电企业对外停电时间少供电量，乘以上月份供电企业平均售电单价给予赔偿。

因用户过错造成其他用户损害的，受害用户要求赔偿时，该用户应当依法承担赔偿责任。

虽因用户过错，但由于供电企业责任而使事故扩大造成其他用户损害的，该用户不承担事故扩大部分的赔偿责任。

3.对停电责任的分析和停电时间及少供电量的计算，均按供电企业的事故记录及《电业生产事故调查规程》办理。停电时间不足1小时按1小时计算，超过1小时按实际时间计算。

4.本条所指的电度电费按国家规定的目录电价计算。

第二章

排除妨碍、消除危险纠纷案例

※ 未核实土地权属施工，侵权人承担责任

案例一：某公司1诉某供电公司、某公司2、某公司3排除妨碍、恢复原状纠纷案

一、案情简介

2005年1月，某公司1通过划拨方式取得了位于南张宋北村的土地使用证，土地用途为工业用地。2001年，某公司1因未按照规定进行年检被吊销营业执照。2013年12月，某公司2、某公司3签订了2013年某区钢联物流园电力架空线路迁改工程协议。其中，某公司3负责办理相关手续并出资，某公司2负责勘察设计，施工。施工时土地上没有建筑物，两公司均未就施工占用原告土地事宜征询某公司1意见，然后跨过干渠在原告使用土地上安装一电力铁杆，线路再往西约200米后，再向北折从其土地上架空通过。2014年9月，某公司1与某建材有限公司合作，准备在该地块投资兴建农副产品加工厂，实地考察发现，已建成电力线路，经多次协商未果，诉至法院。

二、裁判结果

法院认为，某公司1具有诉讼主体资格；某公司2与某公司3主观上存在一定过错；已架设完成高压线路，对案涉土地的规划使用产生了影响，土地无法使用的损失确实存在。经一审、二审、再审法院判决，某公司2、某公司3于本判决发生法律效力之日起三十日内将土地内的设施拆除并恢复原状；在本判决发生法律效力之日起三十日内将妨碍土地正常使用的因素排除；如某公司2、某公司3逾期不履行本判决第一、第二项，则赔偿某公司1损失（按照

每天523.29元，从2015年4月8日计至实际履行本判决之日的损失，参照市人民政府下发的某政发〔2010〕30号文规定的地级及基准地价确定某公司1的损失）。

三、法律分析

（一）某公司1虽被吊销营业执照，仍有诉讼主体资格

根据《最高人民法院关于适用〈中华人民共和国公司法〉若干问题的规定（二）》第十条规定，吊销企业法人营业执照，是工商行政管理机关依据国家工商行政法规对违法的企业法人作出的一种行政处罚，企业法人被吊销营业执照后至被注销登记前，该企业法人仍应视为存续，可以自己的名义进行诉讼活动，因此具有诉讼主体资格。

（二）某公司2、某公司3架设线路的行为侵犯了某公司1对案涉土地的使用权，应当共同承担连带侵权责任

某公司2、某公司3签订了电力架空线路迁改工程协议，在施工过程中，未核实案涉土地权属情况，在未经某公司1同意的情况下，架设电力架空线路的行为对某公司1的土地使用权构成侵权。存在危及他人人身安全的可能，因此某公司2、某公司3应当承担将妨碍权利实施的障碍予以排除，消除危险的民事责任。

四、启示与建议

（一）施工过程中要明确土地权属，对于应该补偿的要提前做好补偿工作

供电公司在各类施工过程中，对于可能跨越的土地应通过登记查询等多种方式明确土地权属，征得权属人的同意，避免施工时或完工后因妨碍他人使用或存在对他人造成危险的情况，使得供电公司陷入纠纷被动状态。

（二）诉讼过程中对超出诉讼请求的判决及时主张

根据《最高人民法院关于适用〈中华人民共和国民事诉讼法〉的解释》第三百九十二条规定，民事诉讼法第二百条第十一项规定的诉讼请求，包括一审诉讼请求、二审上诉请求，但当事人未对一审判决遗漏或者超出诉讼请求提出上诉的除外。本案中，某公司3在对一审判决提起上诉时并未主张一审判决超出了诉讼请求，因此，最高法在判决时不予支持。在案件审理过程中，对一审判决遗漏或超出诉讼请求内容应及时提起上诉，以免造成不必要的损失。

五、相关法条

中华人民共和国侵权责任法

第二条　【保护范围】侵害民事权益，应当依照本法承担侵权责任。

本法所称民事权益，包括生命权、健康权、姓名权、名誉权、荣誉权、肖像权、隐私权、婚姻自主权、监护权、所有权、用益物权、担保物权、著作权、专利权、商标专用权、发现权、股权、继承权等人身、财产权益。

第三条　【被侵害人的请求权】被侵权人有权请求侵权人承担侵权责任。

第八条　【共同加害行为】二人以上共同实施侵权行为，造成他人损害的，应当承担连带责任。

第十五条　【承担侵权责任的方式】承担侵权责任的方式主要有：（一）停止侵害；（二）排除妨碍；（三）消除危险；（四）返还财产；（五）恢复原状；（六）赔偿损失；（七）赔礼道歉；

（八）消除影响、恢复名誉。以上承担侵权责任的方式，可以单独适用，也可以合并适用。

第二十一条　【预防性侵权请求权】侵权行为危及他人人身、财产安全的，被侵权人可以请求侵权人承担停止侵害、排除妨碍、消除危险等侵权责任。

电力设施保护条例

第十条　架空电力线路保护区：导线边线向外侧延伸所形成的两平行线内的区域，在一般地区各级电压导线的边线延伸距离如下：

1-10千伏	5米
35-110千伏	10米
154-330千伏	15米
500千伏	20米

在厂矿、城镇等人口密集地区，架空电力线路保护区的区域可略小于上述规定。但各级电压导线边线延伸的距离，不应小于导线边线在最大计算弧垂及最大计算风偏后的水平距离和风偏后距建筑物的安全距离之和。

第十五条　任何单位或个人在架空电力线路保护区内，必须遵守下列规定：

（一）不得堆放谷物、草料、垃圾、矿渣、易燃物、易爆物及其他影响安全供电的物品；

（二）不得烧窑、烧荒；

（三）不得兴建建筑物；

（四）不得种植可能危及电力设施安全的植物。

最高人民法院关于适用《中华人民共和国公司法》若干问题的规定（二）

第十条　公司依法清算结束并办理注销登记前，有关公司的民事诉讼，应当以公司的名义进行。

公司成立清算组的，由清算组负责人代表公司参加诉讼；尚未成立清算组的，由原法定代表人代表公司参加诉讼。

※ 线路引发火灾，非产权仍担责

案例二：某核桃产业发展有限责任公司诉某通信公司、某水利电力有限责任公司、某供电有限责任公司财产损害赔偿纠纷案

一、案情简介

2014年4月18日，某县发生山火，起火原因系某供电公司为某渔场提供电力所用的输电线与某通信公司的电线杆因距离过近发生碰撞产生电火花落地所致。山火造成某核桃产业发展有限责任公司的核桃树烧毁6048株，造林树木死亡率为100%。某核桃公司及某县村民委员会提起诉讼，请求判令赔偿的经济损失302万元。

二、裁判结果

判决某通信公司赔偿承担70%；某水利电力公司承担20%；某供电公司承担10%，判决生效后十五日内履行完毕。

三、法律分析

（一）某通信公司在线路保护区内架设线杆线路，应承担主要过错责任

根据《中华人民共和国电力法》第四条、《电力设施保护条例》第十条相关规定，某通信公司在案涉某供电公司架设的架空电力线路保护区内架设通信电杆和线路，因距离过近，致高压线与之碰撞引发火灾，是火灾发生的主要原因，应承担主要过错责任。

（二）县水务局未积极履行维护管理职责，应承担过错责任

依据《供电营业规则》第四十七条"供电设施的运行维护管理范围，按产权归属确定……"的规定，该涉电力线路原系县水务局为其下属企业某渔场架设，后因改制该企业被某水利电力公司兼并。某水利电力公司作为产权人，未积极履行维护管理职责，对火灾发生也有过错，也应承担相应责任。

（三）供电公司放任行为发生，承担过错责任

《电力设施保护条例》第四条规定，供电公司未对通信公司在电力线路保护区内架设通信电杆线路危害电力线路安全的行为及时制止，而是放任该行为的发生及持续，故供电公司也有一定过错，也应承担相应的责任。

四、启示与建议

要加强对线路的巡视，一方面产权归属供电公司的，发现隐患及时整改消缺。另一方面产权非供电公司的，凡是危害电力设施的，均应下达《隐患整改通知书》，并留存证据资料。供电公司做到安全警示提醒义务的。对于未经许可进入高度危险活动区域或者高度危险物存放区域受到损害，管理人已经采取安全措施并尽到警示义务的，可以减轻或者不承担责任。从而避免供电公司承担高度危险区域内的损害责任。

五、相关法条

中华人民共和国侵权责任法

第三条 被侵权人有权请求侵权人承担侵权责任。

第六条第一款 行为人因过错侵害他人民事权益，应当承担侵权责任。

第十二条 二人以上分别实施侵权行为造成同一损害，能够确定责任大小的，各自承担相应的责任；难以确定责任大小的，平均承担赔偿责任。

第十五条 承担侵权责任的方式主要有：

（一）停止侵害；

（二）排除妨碍；

（三）消除危险；

（四）返还财产；

（五）恢复原状；

（六）赔偿损失；

（七）赔礼道歉；

（八）消除影响、恢复名誉。

以上承担侵权责任的方式，可以单独适用，也可以合并适用。

供电营业规则

第四十七条供电设施的运行维护管理范围，按产权归属确定。责任分界点按下列各项确定：

1.公用低压线路供电的，以供电接户线用户端最后支持物为分界点，支持物属供电企业。

2.10千伏及以下公用高压线路供电的，以用户厂界外或配电室前的第一断路器或第一支持物为分界点，第一断路器或第一支持物属供电企业。

3.35千伏及以上公用高压线路供电的，以用户厂界外或用户变电站外第一基电杆为分界点。第一基电杆属供电企业。

4.采用电缆供电的，本着便于维护管理的原则，分界点由供电企业与用户协商确定。

5.产权属于用户且由用户运行维护的线路，以公用线路分支杆或专用线路接引的公用变电站外第一基电杆为分界点，专用线路第一基电杆属用户。

在电气上的具体分界点，由供用双方协商确定。

第五十一条　在供电设施上发生事故引起的法律责任，按供电设施产权归属确定。产权归属于谁，谁就承担其拥有的供电设施上发生事故引起的法律责任。但产权所有者不承担受害者因违反安全或其他规章制度，擅自进入供电设施非安全区域内而发生事故引起的法律责任，以及在委托维护的供电设施上，因代理方维护不当所发生事故引起的法律责任。

电力设施保护条例

第四条　电力设施受国家法律保护，禁止任何单位或个人从事危害电力设施的行为。任何单位和个人都有保护电力设施的义务，对危害电力设施的行为，有权制止并向电力管理部门、公安部门报告。

电力企业应加强对电力设施的保护工作，对危害电力设施安全的行为，应采取适当措施，予以制止。

第十条第一项　架空电力线路保护区：导线边线向外侧水平延伸并垂直于地面所形成的两平行面内的区域，在一般地区各级电压导线的边线延伸距离如下：

1—10千伏	5米
35—110千伏	10米
154—330千伏	15米
500千伏	20米

中华人民共和国电力法

第四条　电力设施受国家保护。

禁止任何单位和个人危害电力设施安全或者非法侵占、使用电能。

中华人民共和国消防法

第四条　国务院应急管理部门对全国的消防工作实施监督管理。县级以上地方人民政府应急管理部门对本行政区域内的消防工作实施监督管理，并由本级人民政府消防救援机构负责实施。军事设施的消防工作，由其主管单位监督管理，消防救援机构协助；矿井地下部分、核电厂、海上石油天然气设施的消防工作，由其主管单位监督管理。

县级以上人民政府其他有关部门在各自的职责范围内，依照本法和其他相关法律、法规的规定做好消防工作。

法律、行政法规对森林、草原的消防工作另有规定的，从其规定。

森林防火条例

第四十一条　县级以上人民政府林业主管部门应当会同有关部门及时对森林火灾发生原因、肇事者、受害森林面积和蓄积、人员伤亡、其他经济损失等情况进行调查和评估，向当地人民政府提出调查报告；当地人民政府应当根据调查报告，确定森林火灾责任单位和责任人，并依法处理。

森林火灾损失评估标准，由国务院林业主管部门会同有关部门制定。

※ 合理建站被认非法，证据完善电企无责

案例三：范某诉某市供电公司侵权责任纠纷案

一、案情简介

某市供电公司建设在某市江干区变电所项目工程（以下简称变电所工程），该工程在2014年至2016年期间先后取得项目选址意见书、施工许可证、项目环评意见书（项目可行）。该变电所工程位于范某住址西侧。2017年2月，范某称其严重侵犯原告家居住权、人身安全保障权益；且该变电所工程为"非法建设项目工程"为由，将某供电公司诉至法院，要求立即停止在建的U12-01号220千伏变电所项目工程施工，并为保护原告家"65-4"号历史建筑的原真性和人身安全排除妨害、消除危险。

二、裁判结果

法院认为，范某主张某市供电公司220千伏机场输变电建设工程给其造成了人身损害与财产损害的危险，但未提交充分证据予以佐证。因此一审法院判决：驳回原告范某的诉讼请求，二审维持原判。

三、法律分析

（一）该变电所工程为省发改委核准、环保部门批复、规划部门同意的项目，供电公司证据充分，不承担责任

2014年4月28日，某省住房和城乡建设厅核发220千伏机场输变电工程建

设项目选址意见书，该工程拟选址位置于某市某区城东新城单元；2015年10月16日，某市城乡建设委员会核发220千伏机场变电站建筑工程施工许可证，建设单位为被告；2016年8月16日，某市规划局（某市测绘与地理信息局）核发上述机场输变电工程的建设工程规划许可证；2016年11月25日，某市环境保护局出具×环江评批〔2016〕211号审批意见，对被告此前向其提交的《220千伏机场输变电工程建设项目环境影响报告表》进行批复；2016年9月，某省安全环境科技服务有限公司编制《220千伏机场输变电工程建设项目环境影响报告表》，该项目环评意见书环保可行性结论为该"输变电工程建设可行"。综上，充分说明该项目符合环保审批相关要求，不存在环境违法行为，因此供电公司不承担责任。

（二）原告未提交充分证据该项目对其人身、财产存在损害危险，故对原告的诉请不予支持

侵权行为危及他人人身、财产安全的，被侵权人可以请求侵权人承担停止侵害、排除妨碍、消除危险等侵权责任，但主张权利受到妨害的当事人，应当对该权利受到妨害的基本事实承担举证证明责任，本案中，原告主张被告220千伏机场输变电建设工程给原告造成了人身损害与财产损害的危险，但原告并未提交充分证据证明220千伏输变电项目工程会对人身或财产造成直接损害的依据以及存在危险的依据。因此一审法院对原告的主张不予支持。

四、启示与建议

一是规范工程民事协调工作，加强组织策划，针对基建工程成立民事协调小组，组织工程民事协调人员开展学习培训，做好民事协调工作知识储备。规范签订协议，明确赔付时限、补偿范围、补偿标准及金额、付款方式和双方责任义务等。跟踪资金落实，跟踪督办补偿款拨付到位情况。

二是避免民事难点问题产生，提高设计质量，优化设计方案，避免设计不合理，安全距离不足造成后期民事问题无法解决。积极解决民事难点，对

于施工过程中出现的难点问题，积极通过政府协调解决，依法合规合理赔偿。

三是加大政策宣传力度。围绕群众关心关注的补偿标准、安置形式等问题，在被征地村、组针对性开展土地法等相关法律法规和征地、青苗补偿安置政策宣传，通过采用联席会议集中宣传和个别入户宣传等形式，向群众详细讲解征地用途、电力施工工程建设对农户益处、补偿标准制定、补偿安置方案等内容，争取群众支持项目建设，努力降低青苗赔偿的障碍。

五、相关法条

中华人民共和国侵权责任法

第六条　行为人因过错侵害他人民事权益，应当承担侵权责任。

依据法律规定推定行为人有过错，行为人不能证明自己没有过错的，应当承担侵权责任。

最高人民法院关于适用《中华人民共和国民事诉讼法》的解释

第九十一条　人民法院应当依照下列原则确定举证证明责任的承担，但法律另有规定的除外：

主张法律关系存在的当事人，应当对产生该法律关系的基本事实承担举证证明责任；

主张法律关系变更、消灭或者权利受到妨害的当事人，应当对该法律关系变更、消灭或者权利受到妨害的基本事实承担举证证明责任。

第九十二条　一方当事人在法庭审理中，或者在起诉状、答辩状、代理词等书面材料中，对于己不利的事实明确表示承认的，另一方当事人无需举证证明。

对于涉及身份关系、国家利益、社会公共利益等应当由人民法院依职权调查的事实，不适用前款自认的规定。

自认的事实与查明的事实不符的，人民法院不予确认。

※ 未经同意私自搭线，电企承担侵权责任

案例四：高某诉吴某、某县供电公司物权保护纠纷案

一、案情简介

高某与吴某的房屋均坐落于云和某村金山下且相邻，吴某为解决其51号房屋供电，2005年1月与某县供电公司签订《低压供用电合同》，合同约定由某县供电公司向其提供380V／220V交流50Hz电源，由金山下2#公用变压器供电。供电公司在安装该供电线路的过程中，未经过高某同意，经过其外墙体铺设搭建该供电线路，目前高某的73号房屋二楼外墙体有水平开裂，但根据高某的举证和现场勘验，尚无法认定墙体开裂系案涉铺设电线造成。在高某该案起诉前后，供电公司将搭建在金山下73号房屋线路剪断，但房屋外墙体上仍有部分残余电线及电线固定物。2020年3月9日，高某将吴某、某县供电公司诉至法院，要求二被告立即拆除铺设在原告外墙体的电线，并将开裂墙体重新拆建，恢复到房屋原有状态。

二、裁判结果

法院认为，某县供电公司侵犯了原告高某合法物权。一审判决：被告某县供电公司自判决生效之日起十日内拆除铺设在原告高某坐落于某县房屋外墙体上的三相供电线路电线及三相供电线路电线固定物。

三、法律分析

（一）供电公司侵犯原告高某合法物权

国家、集体、私人的物权和其他权利人的物权受法律保护，任何单位和

个人不得侵犯。从现场情况看案涉供电线路完全不必利用原告房屋搭建。供电公司未经原告高某同意，擅自在原告房屋搭建电线，侵犯了原告高某合法物权。因此，供电公司应承担侵权责任，供电公司应将所有铺设在金山下73号房屋外墙的电线及电线固定物一并拆除，恢复原状。

（二）因果举证不能，法院不予支持

根据原告举证的证据及法院现场勘查情况，尚无法认定墙体开裂系案涉铺设电线造成。故对于原告要求将开裂墙体重新拆建的诉请，本院不予支持。

四、启示与建议

一是强化产权内电力设施的维护管理。加强日常电力线路设备巡视、检查、维护、管理，对原有低压老化主线路、老旧破损电表箱及时进行改造更换，做到"线整齐、表入箱、线入管、箱加锁"，及时消除线路安全隐患，查处私拉乱接等非法用电行为，做好电力线路的全过程管理。

二是加强现场安全文明施工，规范进场流程，进场前联系客户核对施工范围，告知施工工期等信息，严禁擅自扩大施工范围。规范现场文明施工，及时完成施工临时占地恢复。规范服务行为，严禁野蛮施工。

五、相关法条

中华人民共和国民法总则

第一百九十六条　下列请求权不适用诉讼时效的规定：

（一）请求停止侵害、排除妨碍、消除危险；

（二）不动产物权和登记的动产物权的权利人请求返还财产；

（三）请求支付抚养费、赡养费或者扶养费；

（四）依法不适用诉讼时效的其他请求权。

中华人民共和国物权法

第四条　国家、集体、私人的物权和其他权利人的物权受法律保护，任何单位和个人不得侵犯。

第三十五条　妨害物权或者可能妨害物权的，权利人可以请求排除妨害或者消除危险。

第八十八条　不动产权利人因建造、修缮建筑物以及铺设电线、电缆、水管、暖气和燃气管线等必须利用相邻土地、建筑物的，该土地、建筑物的权利人应当提供必要的便利。

最高人民法院关于适用《中华人民共和国民事诉讼法》的解释

第九十条　当事人对自己提出的诉讼请求所依据的事实或反驳对方诉讼请求所依据的事实，应当提供证据加以证明，但法律另有规定的除外。

在作出判决前，当事人未能提供证据或者证据不足以证明其事实主张的，由负有举证证明责任的当事人承担不利的后果。

供电营业规则

第六条　供电企业供电的额定电压：

1.低压供电：单相为220伏，三相为380伏；

2.高压供电：为10、35（63）、110、220千伏。

除发电厂直配电压可采用3千伏或6千伏外，其他等级的电压应逐步过渡到上列额定电压。

用户需要的电压等级不在上列范围时，应自行采取变压措施解决。

用户需要的电压等级在110千伏及以上时，其受电装置应作为终端变电站设计，方案需经省电网经营企业审批。

※ 多主体房线矛盾难理清，电企承担消除危险责任

案例五：黄某1、黄某2等诉某县供电公司、某水电公司消除危险纠纷

一、案情简介

2005年，某水电公司因建设电站需要，架设了一条35千伏供电线路，该线路经过黄某1、黄某2、王某等住房屋面，该线路距离屋顶高度约为2.5米。2019年8月，某水电公司拟将案涉线路的产权无偿移交给某区人民政府，同年10月11日，某区人民政府将案涉线路的产权无偿移交给某县供电公司。2019年4月8日，黄某1、王某、黄某2向法院提出诉讼请求：一是依法判令被告立即停止侵害、消除危险、赔礼道歉，并将原告屋面上的35千伏高压线移除；二是赔偿原告精神抚慰金每人10000元，共计30000元。

二、裁判结果

法院认为，某县供电公司为案涉线路的产权人及管理者，依法承担消除危险责任，一审判决：被告某县供电公司将位于原告黄某1、王某、黄某2在某村的住房屋顶上方的输电线路迁移至安全距离。

三、法律分析

（一）供电公司承担消除危险责任

合法的民事权益受法律保护，侵犯民事权益依法应当承担侵权责任。案

涉电线为35千伏施工变电站供电线路的组成部分，距离原告住房屋顶约2.5米，构成安全隐患。依据《中华人民共和国侵权责任法》第二十一条规定"侵权行为危及他人人身、财产安全的，被侵权人可以请求侵权人承担停止侵害、排除妨碍、消除危险等侵权责任。"本案中，某县供电公司为案涉线路的产权人及管理者，依法应承担消除危险的责任。

（二）某水电公司非消除危险的责任主体，不承担责任

2019年8月，被告某水电公司拟将案涉线路的产权无偿移交给某区人民政府，同年10月11日，某区人民政府签署《固定资产无偿移交协议》并与被告某县供电公司签订《固定资产无偿移交协议》，将案涉线路的产权无偿移交给某县供电公司。因此本案，某水电公司虽系案涉输电线路的原产权人，但并非消除危险的责任主体。

四、启示与建议

一是加强巡视排查，全面梳理统计辖区内"房线矛盾"隐患信息，明确房、线建设先后关系，建立隐患档案，区分整改责任。对属建筑物产权方责任的，及时下达安全隐患通知书，告知整改要求，督促限期实施整改。对属于公司整改范围的做到立行立改，采取加高电力线路、安装安全隔离护栏以及绝缘化改造等措施，分期分批、按计划、有步骤地进行整改。

二是提高宣传覆盖面。强化与政府和行业协会的沟通交流，加强电力法规和安全用电宣传。充分发挥电视台、报刊等新闻媒体的作用，播放公益广告、安全用电知识，加强宣传、贯彻电力设施保护法律、法规力度，讲解电力线路下建房的危害性，营造安全用电的良好氛围。

五、相关法条

中华人民共和国侵权责任法

第十五条 承担侵权责任的方式主要有：

（一）停止侵害；

（二）排除妨碍；

（三）消除危险；

（四）返还财产；

（五）恢复原状；

（六）赔偿损失；

（七）赔礼道歉；

（八）消除影响、恢复名誉。

以上承担侵权责任的方式，可以单独适用，也可以合并适用。

第二十一条　侵权行为危及他人人身、财产安全的，被侵权人可以请求侵权人承担停止侵害、排除妨碍、消除危险等侵权责任。

※ 村民恶意种植不整改，电企证据充分不担责

案例六：高某诉某市供电公司消除危险纠纷

一、案情简介

2017年4月，某供电公司所辖某变电站110千伏线路工程开工建设，因杆塔建设用地、青苗、树木、道路桥梁需占用某镇政府辖区的部分土地及复耕费补偿等，施工单位某省天能电力有限公司与某镇人民政府达成建设用地补偿协议，并依约支付了协议中约定的补偿费用181930元。因17号塔基础需占用高某承包责任地，某村村民委员会（甲方）与高某（乙方）签订电力线路使用农户责任地补偿协议合同，并向其支付占地补偿费33600元。线路投运后，高某在17—18同杆塔双回架空电力线路保护区的土地上种植新疆杨。某市供电公司分别于2020年8月19日、2021年3月22日向被告两次送达了《影响线路安全运行整改通知书》，但高某拒绝签收，也拒不履行消除危险的义务，供电公司将高某诉至法庭，2021年9月，高某诉称其种树在前，要求依法改判驳回被上诉人在一审的诉讼请求或发回重审。

二、裁判结果

一审法院认为，被告高某种植在17—18同杆塔双回架空电力线路保护区内的新疆杨与线路之间的最近距离为2米，违反了《中华人民共和国电力法》第五十三条、《电力设施保护条例》第十条、《电力设施保护条例实施细则》第十六条规定，严重危及电力设施安全。一审判决：被告高某于判决生效后十日内排除妨害、消除危险，将其种植在某市某区某村110千伏板金板台17—

18杆塔之间双回架空电力线路保护区内的新疆杨砍伐。

二审法院认为，一审判决认定事实清楚，适用法律准确，应予维持，二审判决：驳回上诉，维持原判。

三、法律分析

（一）高某恶意种树实事清楚，应履行消除危险责任

根据某市供电公司一审提交的承建单位某省天能电力有限公司与某镇人民政府、某镇某村村民委员会签订的两份《某变电站110千伏线路工程杆塔建设用地补偿协议》及某镇某村村民委员会与高某签订的《电力线路使用农户责任地补偿协议合同》，承建单位已按协议约定，将涉案土地补偿款支付到位，同时高某也认可收到补偿款。故某市供电公司已根据协议取得了涉案土地的占有权及使用权。

同时，高某未能证明其在线路投运前栽种树苗，且即使其是在线路投运前栽种树苗也不影响电力企业现要求其排除妨害、消除危险，因此高某应承担排除妨害、消除危险责任，自行砍伐或修剪危及电力设施安全的新疆杨。

四、启示与建议

一是规范电网建设前期补偿手续。针对应作补偿的伐剪树木和植物，施工单位应提前做好补偿及项目前期通道清理工作。确保按照树木补偿标准签订详尽的补偿协议，并将完整手续保存归档，避免因补偿问题发生后续纠纷或争议，有效降低诉讼风险。

二是加强普法宣传，提升社会群体对电力设施保护的认知度。积极开展《中华人民共和国电力法》《电力设施保护条例》宣传，尤其针对乡村和经济作物种植较活跃地区、加强宣传力度和强度，在经济林、农田上方存在线路区域设立标识标牌，普及电力保护区域安全距离、宣传树木肆意生长对线路的危害，为线路日常维护提供良好环境。

三是加强线路巡视检查，对于发现危及电力设施安全的行为及时制止，

出具《隐患整改通知书》要求限期整改，并留存，避免诉讼时举证不能。

五、相关法条

中华人民共和国民法典

第二百三十六条　妨害物权或者可能妨害物权的，权利人可以请求排除妨害或者消除危险。

中华人民共和国电力法

第五十三条　电力管理部门应当按照国务院有关电力设施保护的规定，对电力设施保护区设立标志。

任何单位和个人不得在依法划定的电力设施保护区内修建可能危及电力设施安全的建筑物、构筑物，不得种植可能危及电力设施安全的植物，不得堆放可能危及电力设施安全的物品。

在依法划定电力设施保护区前已经种植的植物妨碍电力设施安全的，应当修剪或者砍伐。

电力设施保护条例

第十条　电力线路保护区：

（一）架空电力线路保护区：导线边线向外侧水平延伸并垂直于地面所形成的两平行面内的区域，在一般地区各级电压导线的边线延伸距离如下：

1—10千伏　　　　5米

35—110千伏　　　10米

154—330千伏　　 15米

500千伏　　　　 20米

在厂矿、城镇等人口密集地区，架空电力线路保护区的区域可略小于上述规定。但各级电压导线边线延伸的距离，不应小于导线边线在最大计算弧垂及最大计算风偏后的水平距离和风偏后距建筑物的安全距离之和。

（二）电力电缆线路保护区：地下电缆为电缆线路地面标桩两侧各0.75米所形成的两平行线内的区域；海底电缆一般为线路两侧各2海里（港内为两侧各100米），江河电缆一般不小于线路两侧各100米（中、小河流一般不小于各50米）所形成的两平行线内的水域。

第二十四条　新建、改建或扩建电力设施，需要损害农作物，砍伐树木、竹子，或拆迁建筑物及其他设施的，电力建设企业应按照国家有关规定给予一次性补偿。

在依法划定的电力设施保护区内种植的或自然生长的可能危及电力设施安全的树木、竹子，电力企业应依法予以修剪或砍伐。

电力设施保护条例实施细则

第十六条　架空电力线路建设项目和公用工程、城市绿化及其他工程之间发生妨碍时，按下述原则处理：

（一）新建架空电力线路建设工程、项目需穿过林区时，应当按国家有关电力设计的规程砍伐出通道，通道内不得再种植树木；对需砍伐的树木由架空电力线路建设单位按国家的规定办理手续和付给树木所有者一次性补偿费用，并与其签定不再在通道内种植树木的协议。

（二）架空电力线路建设项目、计划已经当地城市建设规划主管部门批准的，园林部门对影响架空电力线路安全运行的树木，应当负责修剪，并保持今后树木自然生长最终高度和架空电力线路导线之间的距离符合安全距离的要求。

（三）根据城市绿化规划的要求，必须在已建架空电力线路保护区内种植树木时，园林部门需与电力管理部门协商，征得同意后，可种植低矮树种，并由园林部门负责修剪以保持树木自然生长最终高度和架空电力线路导线之间的距离符合安全距离的要求。

（四）架空电力线路导线在最大弧垂或最大风偏后与树木之间的安全距离为：

电压等级　最大风偏距离　最大垂直距离

35—110千伏　3.5米　4.0米

154—220千伏　4.0米　4.5米

330千伏　5.0米　5.5米

500千伏　7.0米　7.0米

对不符合上述要求的树木应当依法进行修剪或砍伐，所需费用由树木所有者负担。

第十八条　在依法划定的电力设施保护区内，任何单位和个人不得种植危及电力设施安全的树木，竹子或高秆植物。

电力企业对已划定的电力设施保护区域内新种植或自然生任的可能危及电力设施安全的树木、竹子，应当予以砍伐，并不予支付林木补偿费、林地补偿费、植被恢复费等任何费用。

中华人民共和国农村土地承包法

第十六条　家庭承包的承包方是本集体经济组织的农户。

农户内家庭成员依法平等享有承包土地的各项权益。

※ 房屋租赁难收回，电企维权获支持

案例七：某市供电公司诉某市再生资源有限责任公司
排除妨害纠纷

一、案情简介

2003年3月20日，某市供电公司与某市再生资源有限责任公司签订《原江北变电站场地租赁合同》，约定某市供电公司将"原江北变办公楼、车库、主控楼、仓库及院内场区，约十四万平方米"出租给再生资源有限责任公司用于经营再生资源，租赁期间为2003年5月1日起至2013年5月1日止。合同到期后，某市供电公司要求收回场地，但某市再生资源有限责任公司拒绝腾迁，遂诉至法院。

二、裁判结果

法院认为，双方租赁合同已经到期，且被告并未向法院提供充分有效的证据证明其占有诉争土地的合法性，因此一审判决，某市再生资源有限责任公司于十日内从四至为北至山地，南至龙北路，西至松江化工厂，东至联合化工厂的土地上迁出。

三、法律分析

某市再生资源有限责任公司侵犯了供电公司合法权益，应履行排除妨害责任。

根据《中华人民共和国物权法》第三十五条"妨害物权或者可能妨害物

权的，权利人可以请求排除妨害或者消除危险"、《中华人民共和国土地管理法》第十三条"依法登记的土地的所有权和使用权受法律保护，任何单位和个人不得侵犯"、《中华人民共和国侵权责任法》第二十一条"侵权行为危及他人人身、财产安全的，被侵权人可以请求侵权人承担停止侵害、排除妨碍、消除危险等侵权责任"规定，本案中某市供电公司、某市再生资源有限责任公司之间的租赁合同已经到期，原告依法取得了国有土地使用证，拥有登记土地的占有和使用权利，其他人不得侵害土地使用权人依法行使其权利，因此某市供电公司要求被告从四至为北至山地，南至龙北路，西至松江化工厂，东至联合化工厂的土地中迁出的诉讼请求符合法律规定。

四、启示与建议

加强合同管理，严格按照《中华人民共和国合同法》签订规范房屋租赁合同，明确房屋基本情况、租赁期限、租金及支付方式、未经审批不得擅自违规搭建和改扩建等条款，加强对合同内容的法律审核。同时提高维权意识，对存在拖欠租金、房屋转租和自行改扩建等违约行为的承租人，积极通过法律、诉讼等途径维护公司合法权益。

五、相关法条

中华人民共和国物权法

第三十五条　妨害物权或者可能妨害物权的，权利人可以请求排除妨害或者消除危险。

中华人民共和国电力法

第五十三条　电力管理部门应当按照国务院有关电力设施保护的规定，对电力设施保护区设立标志。

任何单位和个人不得在依法划定的电力设施保护区内修建可能危及电力

设施安全的建筑物、构筑物，不得种植可能危及电力设施安全的植物，不得堆放可能危及电力设施安全的物品。

在依法划定电力设施保护区前已经种植的植物妨碍电力设施安全的，应当修剪或者砍伐。

第十三条 《中华人民共和国土地管理法》依法登记的土地的所有权和使用权受法律保护，任何单位和个人不得侵犯。

中华人民共和国侵权责任法

第二十一条 侵权行为危及他人人身、财产安全的，被侵权人可以请求侵权人承担停止侵害、排除妨碍、消除危险等侵权责任。

中华人民共和国合同法

第二百三十五条 【租赁物的返还】租赁期间届满，承租人应当返还租赁物。返还的租赁物应当符合按照约定或者租赁物的性质使用后的状态。

※ 电企上诉维权，矿业举证不能担后果

案例八：某矿业有限公司诉某市供电公司、
某省供电公司排除妨害纠纷案

一、案情简介

2004年3月，某省矿产勘查院获得省国土资源厅颁发的矿产资源勘查许可证。2006年12月，省矿产勘查院将位于某市某村的石灰石矿、金刚石矿普查探矿权转让给李某、何某、郝某，次年三人共同组建某矿业有限公司，经营范围为矿产资源勘查，矿产品销售等。2008年，经国家电网公司、省发展和改革委员会对某市220千伏某范线、220千伏某长线联网新建工程的批复，上述两条输变电线路准予由省电力公司施工建设，该两条线路均穿过该石灰石矿、金刚石矿等。2008年12月，供电公司将220千伏某范线、220千伏某长线输变电线路架设在上述矿区圈里矿段，压覆面积438764.12平方米，压覆水泥石灰岩（332+333）9568.98千吨。矿业公司将供电公司告上法庭，请求排除妨碍，将架设在矿区的高压线路移除。另查明，2016年9月，经市国土资源局经初步调查核实，该矿区范围内存在400亩左右的基本农田。

二、裁判结果

一审法院认为，首先，矿业公司的探矿权受法律保护；第二，矿业公司取得探矿权在先，电力公司架设输变电线路在后；第三，电力公司在未履行相关手续的情况下，将220千伏的某范线、某桥线穿过探矿区，违反了法律及相关规定；第四，由于本案两条输变电线路穿过探矿的区域，致使矿业公司

无法办理采矿权许可证并获得收益。故一审法院判决，供电公司本判决生效后60日内将220千伏某范线、某桥线穿越矿业公司矿区的输变电线路移除。

二审法院认为，根据市国土资源局《关于办理探转采有关事项的告知》，要办理探转采要取得市人民政府与区人民政府的同意；因存在400亩基本农田和高压线，需要调整矿区范围。故在矿业公司未举证证明其探转采已经取得市人民政府及区人民政府同意的情况下，现有证据不足以证明输变电项目是阻碍矿业公司取得采矿权的必要原因，原审法院认定输变电项目阻碍了矿业公司办理采矿权错误，撤销一审判决。

三、法律分析

本案争议的焦点为要求排除某村石灰石矿、金刚石矿上输变电线路妨害是否应得到支持。

（一）探矿权属用益物权，受法律保护

探矿权即用益物权受法律保护，架设输电线路之前，建设单位必须了解所在地区的矿产资源分布和开采情况。在建设铁路、工厂、水库、输油管道、输电线路和各种大型建筑物或者建筑群之前，非经国务院授权的部门批准，不得压覆重要矿床。

（二）探矿权无法转采矿权，输电线路压覆非必要原因

市国土资源局《关于办理探转采有关事项的告知》载明，要办理探转采要取得市人民政府与区人民政府的同意；需要与案外人某建筑材料有限公司协商一致，达成统一意见；现有证据不足以证明建设的输变电项目是阻碍矿业公司取得采矿权的必要原因，因此二审法院改判。

四、启示与建议

注重分析因果关系，对于原告提交的证据，善于寻找突破点，考虑其权利来源是否合法，建立严密论证关系，对自己提出的诉讼请求或者反驳对方

诉讼请求所依据的事实要加以充分证明，力争挽回损失。

五、相关法条

中华人民共和国物权法

第二条　因物的归属和利用而产生的民事关系，适用本法。

本法所称物，包括不动产和动产。法律规定权利作为物权客体的，依照其规定。

本法所称物权，是指权利人依法对特定的物享有直接支配和排他的权利，包括所有权、用益物权和担保物权。

第三十七条　侵害物权，造成权利人损害的，权利人可以请求损害赔偿，也可以请求承担其他民事责任。

第一百一十七条　用益物权人对他人所有的不动产或者动产，依法享有占有、使用和收益的权利。

第一百二十三条　依法取得的探矿权、采矿权、取水权和使用水域、滩涂从事养殖、捕捞的权利受法律保护。

中华人民共和国矿产资源法

第三十三条　在建设铁路、工厂、水库、输油管道、输电线路和各种大型建筑物或者建筑群之前，建设单位必须向所在省、自治区、直辖市地质矿产主管部门了解拟建工程所在地区的矿产资源分布和开采情况。非经国务院授权的部门批准，不得压覆重要矿床。

※ 煤矿采矿不能，供电公司巨额赔偿

案例九：某煤炭公司诉某市供电公司财产损害赔偿纠纷案

一、案情简介

煤业公司始建于1985年，1987年建成投产，取得采矿权许可证。2005年，某供电公司拟在煤业公司采区内建设变电站及高压线塔，2005年12月，供电公司就涉案土地与村委签订征地补偿协议，2006年1月，供电公司取得规划用地许可证。2006年7月，供电公司与煤业公司经协商达成协议，内容主要为供电公司不得在地面建任何建筑物及附属物，若一定要建在此，一切损失供电公司承担。之后，供电公司在煤业公司的采区内建设了变电站及附属线塔等附属物，该工程于2006年10月竣工。2008年6月，省地质矿产勘查开发局区域地质调查队编制了评估报告，2008年7月，省矿产资源储量评审中心作出评审意见书，核实意见为案涉变电站工程压覆范围内共压覆煤矿资源储量35.46t，压覆的资源评估净值为人民币1611.07万元。2008年8月，省国土资源厅予以备案，未批复其压覆。2009年4月，供电公司取得涉案土地的国有土地使用权。2010年，煤业公司改制新设为某公司。2014年2月，某公司以排除妨害之由诉供电公司。

二、裁判结果

一审法院认为，压覆煤炭资源确实造成某公司无法开采，必然造成相应损失，判决供电公司于判决生效之日起十日内赔偿某公司采矿权损失320万元。

二审法院经过销售利润贡献值评估，认为压覆损失应为7268800元，故撤销一审判决，改判电力公司赔偿726.88万元采矿权损失。

三、法律分析

（一）某公司主体是否适格问题

某公司系根据省人民政府关于煤炭企业兼并重组的相关规定，由某煤炭工业（集团）有限公司与煤业公司的实际出资人王某签订合作组建郑某公司，并通过相应程序进行兼并重组而来，且煤业公司的采矿权证也办到某公司名下，某公司的原告主体资格适格。

（二）关于某公司提出的赔偿是否应予支持及数额问题

某公司取得采矿权在先；新设立的建设用地使用权，不得损害已设立的用益物权。供电公司明知某公司已取得采矿权，其在未与某公司达成压覆赔偿协议和未完成压覆审批手续的情况下，即开工建设，导致某公司已经取得采矿权的地下煤炭无法开采。经鉴定部门鉴定，涉案变电站及附属线塔压覆某公司煤炭资源储量共16万吨，一审中，双方均认可每吨煤交纳资源费价款约10元，因此，该16万吨被压覆煤炭某公司应缴矿产资源费160万元，因压覆煤炭尚未开采，必然造成相应损失，供电公司可在赔偿某公司160万元的基础上适当补偿160万元，共计320万元。二审中，某公司递交《煤炭营业收入明细表》等，证明每吨利润在100元左右，高于评估咨询报告的数额每吨利润82.63元，法院予以支持，二审判决赔偿数额增加至726.88万元。

四、启示与建议

随着基础设施建设的不断推进，变电站及输电线路的施工项目，不可避免地存在压覆矿产资源的现象，就压覆矿纠纷案件而言，涉及较多的专业领域和不同法律关系。作为供电公司而言，在施工前应该依法履行法定查询义务和申报审批的义务，办理压覆审批手续。尤其是输电线路项目在探矿权、采矿权取得之后建设的，因用益物权受法律保护，供电公司未经审批擅自压覆将会赔偿巨额经济损失，因此，供电公司应审慎选择电力设施的建设场地和线路，如不可避免压覆矿产资源，则应履行法定程序后再行建设。

五、相关法条

中华人民共和国物权法

第三十七条 【损害赔偿和其他民事责任请求权】侵害物权，造成权利人损害的，权利人可以请求损害赔偿，也可以请求承担其他民事责任。

第一百二十三条 【合法探矿权等受法律保护】依法取得的探矿权、采矿权、取水权和使用水域、滩涂从事养殖、捕捞的权利受法律保护。

中华人民共和国侵权责任法

第二条 侵害民事权益，应当依照本法承担侵权责任。

本法所称民事权益，包括生命权、健康权、姓名权、名誉权、荣誉权、肖像权、隐私权、婚姻自主权、监护权、所有权、用益物权、担保物权、著作权、专利权、商标专用权、发现权、股权、继承权等人身、财产权益。

第十五条 承担侵权责任的方式主要有：

（一）停止侵害；

（二）排除妨碍；

（三）消除危险；

（四）返还财产；

（五）恢复原状；

（六）赔偿损失；

（七）赔礼道歉；

（八）消除影响、恢复名誉。

以上承担侵权责任的方式，可以单独适用，也可以合并适用。

第十九条　侵害他人财产的，财产损失按照损失发生时的市场价格或者其他方式计算。

中华人民共和国矿产资源法

第三十三条　在建设铁路、工厂、水库、输油管道、输电线路和各种大型建筑物或建筑群之前，建设单位必须向所在省、自治区、直辖市地质矿产主管部门了解拟建工程所在地区的矿产资源分布和开采情况。非经国务院授权的部门批准，不得压覆重要矿床。

第三章

劳动争议纠纷案例

※ 内退职工要保险，仲裁时效很关键

案例一：王某诉某供电公司劳动争议案

一、案情简介

王某原系某电业局的在岗员工。2004年4月9日，王某自愿申请内退。2004年4月16日，王某与某电业局签订了《退出工作岗位休养协议书》。协议签订后，王某内退。某供电公司为王某正常缴纳社会保险费。2017年03月王某向某供电公司的上级主管单位信访反映，供电公司以王某等人反映的问题没有相关文件和政策的依据，无法给予支持予以回复。2019年7月，王某向某劳动人事争议仲裁委员会提起仲裁。某劳动争议仲裁委经审理后认为：对用人单位欠缴社会保险费或者因缴费年限、缴费数额等发生争议的，规定由法院受理。双方当事人已按照协议约定的内容履行了各自的权利与义务，并且履行长达十几年之久，申请人仅在2017年03月通过信访部门向被申请人反映过此情况，被申请人在庭审中提出申请人的请求已超过仲裁时效，裁决驳回申请人的全部仲裁申请。因此，王某提起诉讼。

二、裁判结果

一审法院认为，王某要求某供电公司给付工龄工资、旅游补助、疗养经费及精神文明奖等的诉讼请求，因无据而不予支持；王某要求判决某供电公司为其缴纳社会保险费，该项诉讼请求不属于人民法院的受案范围，依法应予驳回。判决：驳回王某的诉讼请求。

二审法院认为，劳动者申请劳动仲裁不受一年仲裁时效期间限制的规定，并不适用于本案。王某的上诉请求不能成立，予以驳回。

再审驳回上诉，维持原判。

三、法律分析

（一）王某仲裁申请超过仲裁时效

根据《中华人民共和国劳动争议调解仲裁法》第二十七条规定，劳动争议申请仲裁的时效期间为一年，仲裁时效期间从当事人知道或者应当知道其权利被侵害之日起计算。王某因要求返岗工作等问题与供电公司发生劳动争议，于2017年03月向供电公司的上级主管单位信访反映，这时王某就应该知道其权利已被侵害，但王某未及时向劳动仲裁部门申请仲裁，且王某又未提供符合时效中断的相关证据，故某的仲裁申请已超过仲裁时效。

（二）王某诉讼请求是否有事实根据及法律依据

王某内退以后，供电公司按照双方签订的《退出工作岗位休养协议书》按月发给生活费，按照协议约定执行省、市公司有关文件，其主张没有相应依据，且有悖于双方签订的《退出工作岗位休养协议书》。对于社会保险及住房公积金请求，属于行政管理范畴，不属于人民法院管辖范围。

四、启示与建议

1. 在办理职工内退时，企业与内退职工双方履行相关手续，并应就劳动报酬、相关待遇等事项变更劳动合同，签订相关协议，明确企业及内退职工的权利和义务。

2. 应根据国家相关政策规定及公司实际情况，制定内退职工管理办法，规范企业及内退职工的行为，促进劳动关系的和谐，避免或减少劳动争议纠纷的发生。

五、相关法条

中华人民共和国劳动争议调解仲裁法

第二十七条　劳动争议申请仲裁的时效期间为一年。仲裁时效期间从当事人知道或者应当知道其权利被侵害之日起计算。

前款规定的仲裁时效，因当事人一方向对方当事人主张权利，或者向有关部门请求权利救济，或者对方当事人同意履行义务而中断。从中断时起，仲裁时效期间重新计算。

因不可抗力或者有其他正当理由，当事人不能在本条第一款规定的仲裁时效期间申请仲裁的，仲裁时效中止。从中止时效的原因消除之日起，仲裁时效期间继续计算。

劳动关系存续期间因拖欠劳动报酬发生争议的，劳动者申请仲裁不受本条第一款规定的仲裁时效期间的限制；但是，劳动关系终止的，应当自劳动关系终止之日起一年内提出。

最高人民法院关于审理劳动争议案件适用法律若干问题的解释（2008年调整）

第三条　劳动争议仲裁委员会根据《中华人民共和国劳动法》第八十二条之规定，以当事人的仲裁申请超过六十日期限为由，作出不予受理的书面裁决、决定或者通知，当事人不服，依法向人民法院起诉的，人民法院应当受理；对确已超过仲裁申请期限，又无不可抗力或者其他正当理由的，依法驳回其诉讼请求。

※ 农村电工合同终止，无利索要额外报酬

案例二：郑某诉某供电公司劳动合同纠纷案

一、案情简介

1999年10月，郑某被原某县电力局招聘为农村电工，2007年1月起与供电公司（原某县电力局）签订了固定期限的劳动合同。2011年1月1日，供电公司与郑某再次签订了期限为5年的固定期限《农电工劳动合同》。2015年，由于企业改制，供电公司上级单位出资成立某供电服务有限公司。供电公司与郑某签订的合同期满后，郑某在内的4人不同意与某供电服务公司某分公司签订无固定期限劳动合同，要求与供电公司签订无固定期限劳动合同。供电公司遂于2016年1月31日发出《终止劳动合同通知书》，并通知郑某于2016年2月1日前到供电公司办理工作交接手续。郑某于2016年2月24日向县劳动人事争议仲裁委员会申请仲裁，某县劳动人事争议仲裁委员会以被申请人主体不适格，决定不予受理。郑某遂提起诉讼。

二、裁判结果

一审裁判如下：2011年1月1日，供电公司与郑某签订的固定期限《农电工劳动合同》合法有效。郑某不同意续订劳动合同，而主张支付经济补偿金的请求于法无据，依法不予支持。

关于郑某主张补缴社会保险费的请求，是否足额缴纳、是否应补缴社会保险费及保险费缴纳期限等事宜，向社会保险费征收机构主张办理。

关于郑某请求支付加班额外劳动报酬的主张不予支持。综上所述，驳回

郑某的诉讼请求。

二审裁判驳回上诉,维持原判。

后郑某提起再审申请,再审法院判决驳回郑某的再审申请。

三、法律分析

(一)关于郑某主张劳动合同有效期的问题

劳动合同是劳动者与用人单位之间达成的确立劳动关系,明确双方权利义务的协议。郑某入职供电公司后,双方签订了劳动合同,郑某从事农村电工工作,其与供电公司之间形成了劳动关系。后因郑某在与供电公司签订的劳动合同到期后,没有按照供电公司进行企业改制的要求,转签到供电服务公司,双方发生纠纷。郑某上诉提出,其与供电公司的劳动合同虽然在书面文字上已经过期,但自2016年1月31日终止劳动合同书发出之前,双方之间的劳动关系是客观存在的。但因我国劳动合同法明确规定,劳动合同期满的,劳动关系终止。郑某与供电公司的劳动合同自2015年12月31日期满,其与供电公司之间的劳动关系也即自行终止,从到期之日起双方之间不再存在劳动关系。故郑某关于其与供电公司之间一直存在劳动关系的上诉理由不能成立。

(二)供电公司是否存在违法解除劳动关系的情形

供电公司的终止劳动合同通知书的主要内容,是告知郑某为了规范农电用工管理,加强员工队伍建设,已经成立了三新供电服务公司某分公司。合同到期后,供电公司已经多次告知郑某,并与其多次协商,但郑某一直未同意续签劳动合同。通知郑某依据劳动合同法的有关规定,于2016年2月1日前到供电公司办理工作交接手续。可见通知精神主要是告知郑某去办理工作交接手续,并不是通知与其解除劳动合同。故郑某关于通知即为解除合同,解除合同即应承担法律后果的上诉理由也不能成立。由于郑某与供电公司之间的劳动关系是因合同期满自行终止,供电公司不存在违法解除劳动关系的情形,故郑某要求支付经济补偿金、额外经济补偿金及赔偿金等上诉请求均无法律依据。

（三）关于郑某主张供电公司支付解除劳动合同经济补偿金、额外经济补偿金、赔偿金的请求能否成立的问题

供电公司与郑某签订了期限为5年的固定期限《农电工劳动合同》，2015年，由于企业改制，供电公司通知公司内所有农电工与某供电服务公司某分公司签订无固定期限劳动合同，但郑某拒不签订。根据《中华人民共和国劳动合同法》第四十六条第五项规定："除用人单位维持或者提高劳动合同约定条件续订劳动合同，劳动者不同意续订的情形外，依照本法第四十四条第一项规定终止固定期限劳动合同的，用人单位应当向劳动者支付经济补偿。"在供电公司与郑某签订的合同期满后，在维持原劳动合同条件下，因郑某不同意续签无固定期限劳动合同，在与供电公司劳动关系终止后，其主张支付解除劳动合同经济补偿金、额外经济补偿金、赔偿金的请求于法无据。

（四）关于郑某要求供电公司补缴养老保险金、医疗保险金、失业保险金等问题

《最高人民法院关于审理劳动争议案件适用法律若干问题的解释（三）》第一条规定："劳动者以用人单位未为其办理社会保险手续，且社会保险经办机构不能补办导致其无法享受社会保险待遇为由，要求用人单位赔偿损失而发生争议的，人民法院应予受理。"第九条规定："劳动者主张加班费的，应当就加班事实的存在承担举证责任。但劳动者有证据证明用人单位掌握加班事实存在的证据，用人单位不提供的，由用人单位承担不利后果。"《中华人民共和国社会保险法》第六十三条第一款规定："用人单位未按时足额交纳社会保险费的，由社会保险费征收机构责令其限期补缴或者补足。"本案中，供电公司自2007年1月起至2016年1月为郑某缴纳了企业养老保险、失业保险、工伤保险，2007年至2015年职工医疗保险也为其缴纳。至于是否足额缴纳、是否应补缴社会保险费及保险费缴纳期限等事宜，可根据《中华人民共和国社会保险法》第六十三条第一款的规定，向社会保险费征收机构主张查实。

（五）关于郑某请求支付加班额外劳动报酬的主张

依合同约定，郑某岗位实行综合计算工时制，公司确需安排郑某加班的，在当年给予相应时间的补休，但不计加班工资。如当年不补休跨年即作废，确因公司原因致使不能补休的，由公司出具书面证明，可跨年补休。且郑某无证据证明加班的事实，故对其请求支付加班额外劳动报酬的主张不予支持。

四、启示与建议

农电工作人员在电力体制改革前作为农村电工、电力体制改革后先后通过劳务派遣、农电业务承揽的方式从事农电工作。虽然用人单位、用工形式多次发生变化，但该部分农电工作人员多年来工作地点、工作内容未发生明显变化，导致出现认定事实上与供电公司存在劳动关系的情况，在今后劳动用工管理中，应积极应对该类风险，对该类群体应积极进行调整。

五、相关法条

最高人民法院关于审理劳动争议案件适用法律若干问题的解释（三）

第一条　劳动者以用人单位未为其办理社会保险手续，且社会保险经办机构不能补办导致其无法享受社会保险待遇为由，要求用人单位赔偿损失而发生争议的，人民法院应予受理。

第九条　劳动者主张加班费的，应当就加班事实的存在承担举证责任。但劳动者有证据证明用人单位掌握加班事实存在的证据，用人单位不提供的，由用人单位承担不利后果。

中华人民共和国劳动合同法

第四十六条　【经济补偿】有下列情形之一的，用人单位应当向劳动者支付经济补偿：

（一）劳动者依照本法第三十八条规定解除劳动合同的；

（二）用人单位依照本法第三十六条规定向劳动者提出解除劳动合同并与劳动者协商一致解除劳动合同的；

（三）用人单位依照本法第四十条规定解除劳动合同的；

（四）用人单位依照本法第四十一条第一款规定解除劳动合同的；

（五）除用人单位维持或者提高劳动合同约定条件续订劳动合同，劳动者不同意续订的情形外，依照本法第四十四条第一项规定终止固定期限劳动合同的；

（六）依照本法第四十四条第四项、第五项规定终止劳动合同的；

（七）法律、行政法规规定的其他情形。

最高人民法院关于适用《中华人民共和国民事诉讼法》的解释

第九十条　当事人对自己提出的诉讼请求所依据的事实或者反驳对方诉讼请求所依据的事实，应当提供证据加以证明，但法律另有规定的除外。

在作出判决前，当事人未能提供证据或者证据不足以证明其事实主张的，由负有举证证明责任的当事人承担不利的后果。

中华人民共和国民事诉讼法

第六十七条　当事人对自己提出的主张，有责任提供证据。

当事人及其诉讼代理人因客观原因不能自行收集的证据，或者人民法院认为审理案件需要的证据，人民法院应当调查收集。

人民法院应当按照法定程序，全面地、客观地审查核实证据。

中华人民共和国劳动合同法

第四十四条　【劳动合同的终止】有下列情形之一的，劳动合同终止：

（一）劳动合同期满的；

（二）劳动者开始依法享受基本养老保险待遇的；

（三）劳动者死亡，或者被人民法院宣告死亡或者宣告失踪的；

（四）用人单位被依法宣告破产的；

（五）用人单位被吊销营业执照、责令关闭、撤销或者用人单位决定提前解散的；

（六）法律、行政法规规定的其他情形。

第四十六条 【经济补偿】有下列情形之一的，用人单位应当向劳动者支付经济补偿：

（一）劳动者依照本法第三十八条规定解除劳动合同的；

（二）用人单位依照本法第三十六条规定向劳动者提出解除劳动合同并与劳动者协商一致解除劳动合同的；

（三）用人单位依照本法第四十条规定解除劳动合同的；

（四）用人单位依照本法第四十一条第一款规定解除劳动合同的；

（五）除用人单位维持或者提高劳动合同约定条件续订劳动合同，劳动者不同意续订的情形外，依照本法第四十四条第一项规定终止固定期限劳动合同的；

（六）依照本法第四十四条第四项、第五项规定终止劳动合同的；

（七）法律、行政法规规定的其他情形。

※ 对外付款需谨慎，证据留存很重要

案例三：廖某与某供电公司劳动争议纠纷案

一、案情简介

1987年1月24日，某省电力工业局发送给某供电局的函载明："某县宋家村二组廖某同志来局反映该县供电局书记陈某打人致伤，请你局协助地方处理好这件事，并请将处理结果于2月底前报省局。"1986年1月26日某供电局办公室发送给某县供电局的函载明："你县廖同志来访，请你局接待。"1992年1月29日，某县供电局在该信函上签注："经研究，给廖同志解决20元整。"，是为化解矛盾给予廖立珍上访路费20元。原告廖某认为该20元是供电局给付的工资，因此与某县供电公司之间存在事实劳动关系，某县供电公司单方中断工资发放，给其造成严重损害，因此向法院提起诉讼，要求某县供电公司补发工资，存在劳动关系。

二、裁判结果

一审裁判如下：廖某提供的证据不能证明某供电公司对其实际用工，向其发放工资。双方之间不存在劳动关系，驳回原告廖立珍的诉讼请求。

二审裁判如下：廖某所提供证据不能证明某供电公司向其发放工资的事实。廖某也没有任何证据证明其被为公司职工，从事有报酬的劳动并接受公司组织管理。因此，驳回上诉，维持原判。

三、法律分析

给付廖某金钱是否可以判定此行为与供电公司存在劳动关系？

1992年1月29日，某县供电局在该信函上签注："经研究，给廖同志解决20元整。"供电局给付的"20元"是为化解矛盾给予廖某上访路费20元，而不是廖某理解的每天给予廖某工资20元，不能证明某供电公司向廖某发放工资的事实。廖某提供的农村信用合作社的活期存折，是2005年1季度至2006年3季度期间，社会托底救助中心向其发放低保金每季度90元的活期存折。因此，廖某提供的证据不能证明某供电公司对其实际用工，向其发放工资。双方之间不存在劳动关系，廖某要求补发其1986年至2016年期间的工资、从2017年1月起按月向其发放工资的诉讼请求，无任何事实依据。

四、启示与建议

本案涉及多个证据材料，均为较早期证据，可见被告单位在证据搜集阶段非常仔细全面。因此，我们在日后工作中，应注重各种证明材料的收集整理规整工作，做到重要资料不遗失。

五、相关法条

最高人民法院关于适用《中华人民共和国民事诉讼法》的解释

第九十条　当事人对自己提出的诉讼请求所依据的事实或者反驳对方诉讼请求所依据的事实，应当提供证据加以证明，但法律另有规定的除外。

在作出判决前，当事人未能提供证据或者证据不足以证明其事实主张的，由负有举证证明责任的当事人承担不利的后果。

※ 临时用工不规范，导致责任需承担

案例四：王某与某供电公司劳动争议

一、案情简介

原告王某离职前在被告供电公司餐厅从事面案工作，双方未签订劳动合同，被告供电公司未为原告王某缴纳社会保险，2019年4月份，原告王某离职。离职后，原告王某以在未经原告同意也未经过法定程序的情况下，被告解除与原告的劳动合同关系，应按照《中华人民共和国劳动合同法》第八十七条规定，双倍赔偿为由提起诉讼。

二、裁判结果

法院判决：被告供电公司支付原告王某违法解除劳动合同经济赔偿金60900元，于判决生效后十日内付清。

如果未按本判决指定的时间履行金钱义务的，应当依照《中华人民共和国民事诉讼法》第二百五十三条之规定，加倍支付迟延履行期间的债务利息。

三、法律分析

（一）双方对原告的入职时间存在争议

原告主张2009年3月，先是在被告浴池工作，一年后安排至餐厅工作。根据《中华人民共和国劳动合同法》第六十八条规定，非全日制用工，是指以小时计酬为主，劳动者在同一用人单位一般平均每日工作时间不超过4小时，每周工作时间累计不超过24小时的用工形式。非全日制用工采用的是以小时计酬为主、劳动报酬结算支付周期最长不得超过15日的工资支付方式。根据被告提交的"职工餐厅小时工工资"，原告每月的工作时间均为96小时，该工作时间高度统一且固定，不符合小时工的用工特点。原告在该表中签名并不意味着对"小时工"的认可，双方的用工方式应以实际发生的为准，而非某一方的签字确认。其次，2017年7月至2018年2月时间段内，原告的工资为每月发放一次，与小时工工资支付方式相悖。明细摘要部分虽显示为"非全日制用工工资"，但该摘要仅为被告单方意思表示，不能以此认定双方的用工方式。被告并未提供相应的真实合理的考勤记录证实自己的主张。综上，法院认定原、被告间为全日制用工关系。

（二）关于违法解除劳动合同赔偿金的认定

用人单位做出开除、除名、辞退、解除劳动合同，减少劳动报酬、计算劳动者工作年限等决定而发生劳动争议，用人单位负举证责任。被告作为用人单位未对原告的工作年限情况提供证据，应承担不利的法律后果。原、被告争议的浴池工作，即使如被告所述属于某宾馆有限公司，但其与被告工会委员会存在密切关联性，且经营地点亦位于被告供电公司，故本院认定原告所主张的浴池工作时间应计算在内。被告在未与原告协商一致的情况下单方作出解除劳动合同的意思表示，违反法律规定，应认定为违法解除。原告据此主张要求被告支付违法解除劳动合同赔偿金理由正当。

四、启示与建议

1. 临时用工签订协议时，不要使用劳动合同和劳务合同，应采用临时用工协议。在协议内容上，不要约定试用期，以免对方误以为是正式的劳动合同。

2. 计薪方式采用小时工或按日计薪，也可以采用底薪加计件制，计薪方式和标准在临时用工协议中写明。

3.工期为不满3个月短期用工，列明必要的违纪开除用工。

4.建议薪资不要跟正式工一起统筹发放，以区别正式工。

五、相关法条

中华人民共和国劳动合同法（2012年修正）

第四十六条 【经济补偿】有下列情形之一的，用人单位应当向劳动者支付经济补偿：

（一）劳动者依照本法第三十八条规定解除劳动合同的；

（二）用人单位依照本法第三十六条规定向劳动者提出解除劳动合同并与劳动者协商一致解除劳动合同的；

（三）用人单位依照本法第四十条规定解除劳动合同的；

（四）用人单位依照本法第四十一条第一款规定解除劳动合同的；

（五）除用人单位维持或者提高劳动合同约定条件续订劳动合同，劳动者不同意续订的情形外，依照本法第四十四条第一项规定终止固定期限劳动合同的；

（六）依照本法第四十四条第四项、第五项规定终止劳动合同的；

（七）法律、行政法规规定的其他情形。

第四十七条 【经济补偿的计算】经济补偿按劳动者在本单位工作的年限，每满一年支付一个月工资的标准向劳动者支付。六个月以上不满一年的，按一年计算；不满六个月的，向劳动者支付半个月工资的经济补偿。

劳动者月工资高于用人单位所在直辖市、设区的市级人民政府公布的本地区上年度职工月平均工资三倍的，向其支付经济补偿的标准按职工月平均工资三倍的数额支付，向其支付经济补偿的年限最高不超过十二年。

本条所称月工资是指劳动者在劳动合同解除或者终止前十二个月的平均工资。

第六十八条 【非全日制用工的概念】非全日制用工，是指以小时计酬为主，劳动者在同一用人单位一般平均每日工作时间不超过四小时，每周工作时间累计不超过二十四小时的用工形式。

第八十七条 【违反解除或者终止劳动合同的法律责任】用人单位违反本法规定解除或者终止劳动合同的，应当依照本法第四十七条规定的经济补偿标准的二倍向劳动者支付赔偿金。

※ 早期招聘不规范，辞退福利引争议

案例五：李某诉某供电分公司劳动争议纠纷案

一、案情简介

1984年，李某被公司聘用，李某与公司建立了劳动关系。原告在被告处一直工作至2003年。2003年6月，双方协商，解除劳动关系，公司一次性给予李某经济补偿11144元。在解除聘任劳动关系前，供电公司自1995年起为原告李某在商业保险公司投保了养老保险。因福利待遇、养老保险缴纳问题，供电公司2010年为其缴纳12个月的养老保险费，2011年缴纳10个月的养老保险费。之后，有关福利待遇双方协商未果。2015年2月9日，原告申请仲裁，同年2月12日，仲裁委以仲裁超时效作出不予受理，后李某诉至法院，要求供电公司确认劳动关系，补发其工资福利待遇并向劳动保障部门补缴养老保险金。

二、裁判结果

驳回原告李某诉讼请求。

三、法律分析

（一）李某主张补缴养老保险金的诉求不应通过

依据《中华人民共和国劳动合同法》第七十四条第六项"县级以上地方人民政府劳动行政部门依法对下列实施劳动合同制度的情况进行监督检查：（六）用人单位参加各项社会保险和缴纳社会保险费的情况"之规定，缴纳社会保险费的行为由行政部门进行规范，当事人可以申请劳动保障行政部门作出行政处理，该纠纷应属行政法和行政诉讼法所调整的行政法律关系，不应由民事法律进行调整，不属于法院民事案件受理范围。故对原告主张补缴养老保险金的诉求，法院不应受理。

（二）李某无证据证明订立无固定期限的劳动合同的事实

依据1995年1月1日施行《中华人民共和国劳动法》第二十条第二款"劳动者在同一用人单位连续工作满十年以上，当事人双方同意续延劳动合同的，如果劳动者提出订立无固定期限的劳动合同，应当订立无固定期限的劳动合同"的规定，签订无固定期限劳动合同需符合三个条件，即在同一用人单位连续工作满十年以上，当事人双方同意续延劳动合同，劳动者提出申请。三个条件缺一不可。公司2003年制定《关于对原服务站会计解聘后的经济补偿办法》，已与被告解除劳动关系，原告已领取补偿金。原告为农村村民，自1984年经被告招聘，其工作性质是对被告处工作的协助和补充，是中国经济改革开放中农村基层工作的特定产物。因此原告自1984年至2003年6月与被告间没有形成规范的劳动用工关系，虽已超过十年，但此期间不适用2008年1月1日施行的劳动合同法的规定，本案中原告未提交满足订立无固定期限的劳动合同的事实条件，不足以认定此期间原被告间存在无固定期限劳动关系。并且自2003年6月份经协商双方已解除聘任劳动关系，此后原被告已不存在劳动关系。

四、启示与建议

公司早期招聘的人员，当时劳动法和合同法还不完善、不健全，被招聘人员出现理解上的误区，对公司的制度理解也不透彻，出现了此类案件，实属无奈。但也应该积极应对，应付出更多的努力，在证据收集、法律依据的提出等各方面应做到扎实充分，在提出代理观点上应力求全面、有重点又有层次，尽量做到无懈可击。唯有如此，才能更好地维护公司的合法权益。

建议公司在聘请人员及解除劳动合同时，要做好解释工作，要签订协议，做好存档，以防出现类似案件，使公司处于被动地位。

五、相关法条

中华人民共和国劳动合同法（2012年修正）

第七十四条第六款　县级以上地方人民政府劳动行政部门依法对下列实施劳动合同制度的情况进行监督检查：（六）用人单位参加各项社会保险和缴纳社会保险费的情况。

※ 客服工作真不易，被辞不服引仲裁

案例六：周某诉某供电分公司、某供电公司劳动争议仲裁案

一、案情简介

申请人周某称：2020年4月27日，申请人周某在水口供电服务所正常工作期间遭到客户谩骂、侮辱，客户通过供电服务热线95598进行了投诉，投诉理由是：告知客户随便投诉。后经公司核实，客户投诉情况并不属实。但某供电公司对周某做出处罚决定（通报批评、1000元经济处罚和个人服务业绩档案扣一分）。申请人周某对处罚不服，向劳动人事争议仲裁委员会申请劳动仲裁。申请人请求：1.撤销2020年4月28日供电公司对于周某作出的处罚；2.对周某个人名义造成的损害，供电公司和某分公司要当面道歉，并通报全公司。

二、裁判结果

被申请人供电公司依照公司规章制度对申请人作出的处罚决定符合法律规定，故对被申请人的第一项仲裁请求不予支持。对于第二项仲裁请求，因根据《中华人民共和国劳动争议调解仲裁法》第二条之规定，申请人该项仲裁请求不属于劳动争议处理的范畴，故驳回申请人的全部仲裁请求。

三、法律分析

（一）周某劳动争议是公司对员工的考核，是否属于劳动仲裁的范畴

申请人周某诉称，自己系某电力服务有限公司某分公司员工，不是供电

公司和某供电分公司员工，处罚落款是成都公司，盖章是某公司，存在假冒的嫌疑。

某公司辩称，某公司并非机关或事业单位，而是公司，与员工的争议不属于劳动仲裁委员会受案的范围，且某公司是按照内部规章和制度对员工进行考核，系行使公司自主管理权的行为，不属于劳动争议，申请人的仲裁申请不应被受理。除非该处罚行为涉及劳动合同解除或处罚影响被处罚人的生活。

（二）公司对周某考核的主体是否适格，考核标准是否适用

申请人存在违反规章制度的行为是事实，公司对其处罚依据明确。同时向仲裁庭提交了证明其违反规章制度的电话录音、相关规章制度、某公司代管某分公司的协议、农村供电所业务委托合同等证据材料来证明其主体资格、适用考核标准。

仲裁庭认为，该处罚涉及申请人工资薪酬，属于劳动仲裁争议范围。同时审理查明申请人没有及时与客户沟通引导解决客户的问题存在，被申请人成都公司、某公司依据规章制度作出的处罚行为符合法律规定，且该处罚没有超过申请人工资的20%，该行为具有合法性。

四、启示与建议

1. 目前社会经济发展，行业制度完善，公司上下应严格按规定办事，特别是涉及员工利益的用工、薪酬、成才通道等工作应做到按规办事，公开透明，严格执行民主程序，避免易引起员工误解的事件发生。

2. 员工对业务范围内的工作认识不到位，在思想上存在个人主观主义倾向，在与客户的交流过程中，有引导客户拨打热线电话的嫌疑，在客户明确表示拨打时，不主动化解，致使客户情绪进一步不满，引发客户投诉，违反了公司相关工作要求。员工对投诉事件的没有足够的认识，把拨打热线电话报修、咨询与投诉混为一谈；对投诉结果可能产生的后果没有充分进行预判，

对投诉后果可能影响企业品牌形象的风险缺乏认知和警惕，是造成本案最直接的原因。作为一线的供电所，应加强员工这方面的培训和思想教育，引导员工珍惜自己的岗位，爱护自己企业的品牌形象，进一步增强员工的风险意识和忧患意识。

3. 公司在加强各项培训的基础上，应定期检查基层班组安全学习、法律学习等方面工作的开展情况，确保基层员工实实在在学到相关知识后，能正确使用、运用这些知识来维护自己和公司的合法权益。

4. 公司制定规章制度应履行公司的合法程序，涉及员工切身利益的规章制度应经民主程序。新的规章制度应及时向员工宣传并留下学习印证材料。

5. 员工的业务素质要进一步加强，加强业务人员的业务培训，提升业务人员的服务水平。

6. 督促员工对公司风险体系学习，提升员工对岗位风险的辨识，从而有效规避风险。

五、相关法条

中华人民共和国劳动争议调解仲裁法

第二条 中华人民共和国境内的用人单位与劳动者发生的下列劳动争议，适用本法：

（一）因确立劳动关系发生的争议；

（二）因订立、履行、变更、解除和终止劳动合同发生的争议。

（三）因除名、辞退和辞职、离职发生的争议；

（四）因工作时间、休息休假、社会保险、福利、培训以及劳动保护发生的争议；

（五）因劳动报酬、工伤医疗费、经济补偿或者赔偿金等发生的争议；

（六）法律、法规规定的其他劳动争议。

※ 未签合同便工作，维权之路长漫漫

案例七：张某诉某变压器有限公司劳动纠纷案

一、案情简介

原告自1999年5月到被告处工作。2007年9月某有限公司成立，被告指派原告于同年底转至该公司上班。原告人事档案存放于某市劳动市场。在两公司工作期间，原告工资及福利待遇均低于两公司正式编制职工，两公司均未与原告签订书面劳动合同，亦未给原告缴纳社会保险。原告自2007年7月独资缴纳基本养老保险。2012年7月，某有限公司将原告辞退，并退还押金1000元。原告被辞退后向被告主张劳动权利，并于2012年8月21日向仲裁委申请劳动仲裁，仲裁委以不符合仲裁时效规定为由决定不予受理，原告随之提起诉讼。

二、裁判结果

1. 被告于本判决生效后10日内为原告补缴自1999年5月至2007年6月的基本养老保险费，补缴自某市开始实施职工基本医疗保险制度后至2007年12月基本医疗保险费，所缴费用经社会保险经办机构核算，由用人单位承担部分由被告承担，应由原告个人承担部分由原告于本判决生效后10日内缴至被告处，由被告连同用人单位承担部分一并缴至相关社会保险经办机构。补缴相关社会保险费的滞纳金或利息按国家规定执行。

2. 被告于本判决生效后10日内支付原告已缴纳的2007年7月至2007年12月养老保险费中被告应承担的部分，金额以相关社会保险经办机构核算后并扣

除原告本人应承担部分为准。

3.驳回原告其他的诉讼请求。

三、法律分析

用人单位未依照劳动法律法规与劳动者解除劳动关系，依照《中华人民共和国劳动合同法》第七条："用人单位自用工之日起即与劳动者建立劳动关系。用人单位应当建立职工名册备查。"第八条："用人单位招用劳动者时，应当如实告知劳动者工作内容、工作条件、工作地点、职业危害、安全生产状况、劳动报酬，以及劳动者要了解的其他情况；用人单位有权了解劳动者与劳动合同直接相关的基本情况，劳动者应当如实说明。"第九条："用人单位招用劳动者，不得扣押劳动者的居民身份证和其他证件，不得要求劳动者提供担保或者以其他名义向劳动者收取财物。"第十条："建立劳动关系，应当订立书面劳动合同。已建立劳动关系，未同时订立书面劳动合同的，应当自用工之日起一个月内订立书面劳动合同。用人单位与劳动者在用工前订立劳动合同的，劳动关系自用工之日起建立。"第三十六条："用人单位与劳动者协商一致，可以解除劳动合同。"用人单位应当明确雇佣劳务人员的具体工作内容和劳动报酬，即使进行自由度极高的工作内容，也应进行如实说明并进行留存内容。

四、启示与建议

用人单位在与劳动者解除劳动关系时若依照法律规定应当支付经济补偿金的，用人单位应当及时足额依法支付经济补偿金。

五、相关法条

中华人民共和国劳动合同法

第七条　用人单位自用工之日起即与劳动者建立劳动关系。用人单位应当建立职工名册备查。

第八条　用人单位招用劳动者时，应当如实告知劳动者工作内容、工作条件、工作地点、职业危害、安全生产状况、劳动报酬，以及劳动者要求了解的其他情况；用人单位有权了解劳动者与劳动合同直接相关的基本情况，劳动者应当如实说明。

第九条　用人单位招用劳动者，不得扣押劳动者的居民身份证和其他证件，不得要求劳动者提供担保或者以其他名义向劳动者收取财物。

第十条　建立劳动关系，应当订立书面劳动合同。已建立劳动关系，未同时订立书面劳动合同的，应当自用工之日起一个月内订立书面劳动合同。用人单位与劳动者在用工前订立劳动合同的，劳动关系自用工之日起建立。

第三十六条　用人单位与劳动者协商一致，可以解除劳动合同。

第四十七条　经济补偿按劳动者在本单位工作的年限，每满一年支付一个月工资的标准向劳动者支付。六个月以上不满一年的，按一年计算；不满六个月的，向劳动者支付半个月工资的经济补偿。

劳动者月工资高于用人单位所在直辖市、设区的市级人民政府公布的本地区上年度职工月平均工资三倍的，向其支付经济补偿的标准按职工月平均工资三倍的数额支付，向其支付经济补偿的年限最高不超过十二年。

本条所称月工资是指劳动者在劳动合同解除或者终止前十二个月的平均工资。

※ 公司改制致断档，多措并举定关系

案例八：王某诉某市供电有限公司，第三人某市农电有限公司某供电所养老保险待遇纠纷案

一、案情简介

1984年11月21日，原告王某被某乡电管站，录用为电工。后某乡电管站与某乡电管站合并为某供电所，原告一直在某市供电公司直属供电所从事电工工作，2001年12月双方终止劳动关系，计17年。后原告在人社局自费参加养老保险。后原告向仲裁委提出要求确认与原告在1984年11月21日至2001年12月存在劳动关系。仲裁委驳回，随之提起诉讼，请求确认1984年—2001年长达17年的劳动关系、被告履行给原告出具参加社会养老保险的证明材料及费用。

二、裁判结果

法院判决，依照《中华人民共和国劳动合同法》第七条、《最高人民法院关于审理劳动争议案件适用法律若干问题的解释（三）》第七条的规定，判决原告王某与被告供电公司直属农电有限公司供电所之间在1984年11月21日至2001年12月存在劳动关系。

三、法律分析

（一）劳动关系成立并不仅限于书面签订劳动合同

原告某从1984年11月21日至2001年12月在原某县农电局某乡电管站工作，

111

后某乡电管站与某乡电管站合并为与实施某供电所，原告王某一直在某市供电公司直属供电所从事电工工作，到2001年12月，由于某市农电有限公司某供电所及被告单位改制，双方解除劳动关系。原告在工作期间，符合认定劳动关系的要素，应认定原告于用人单位已形成事实上的劳动关系，故对原告的诉讼请求应予以支持。

根据劳动和社会保障部《劳动和社会保障部关于确立劳动关系有关事项的通知》规定："用人单位招用劳动者未订立书面劳动合同，但具备下列情形的，劳动关系成立。（一）用人单位和劳动者符合法律、法规规定的主体资格；（二）用人单位依法制定的各项劳动规章制度适用于劳动者，劳动者受用人单位的劳动管理，从事用人单位安排的有报酬的劳动；（三）劳动者提供的劳动是用人单位业务的组成部分。用人单位未与劳动者签订劳动合同，认定双方存在劳动关系时可参照下列凭证：1.工资支付凭证或记录（职工工资发放花名册）、缴纳各项社会保险费的记录；2.用人单位向劳动者发放的工作证、服务证等能够证明身份的证件；3.劳动者填写的用人单位招工招聘登记表、报名表等招用记录；4.考勤记录；5.其他劳动者的证言等。其中，1、3、4项的有关凭证由用人单位负举证责任。"

四、启示与建议

妥善处理和安置因历史改革造成的裁员、解聘等劳动关系纠纷问题，提前做好预案、留存证据，防止发生大规模诉讼或者上访事件，给公司造成不良社会影响。

五、相关法条

中华人民共和国劳动合同法

第三十六条　用人单位与劳动者协商一致，可以解除劳动合同。

第三十九条　劳动者有下列情形之一的，用人单位可以解除劳动合同：

（一）在试用期间被证明不符合录用条件的；

（二）严重违反用人单位的规章制度的；

（三）严重失职，营私舞弊，给用人单位造成重大损害的。

（四）劳动者同时与其他用人单位建立劳动关系，对完成本单位的工作任务造成严重影响，或者经用人单位提出，拒不改正的；

（五）因本法第二十六条第一款第一项规定的情形致使劳动合同无效的；

（六）被依法追究刑事责任的。

※ 劳动关系难确定，工作凭证来证明

案例九：王某诉某供电分公司劳动争议纠纷案

一、案情简介

原告王某于2002年6月至2010年12月在被告所辖电力工程城网施工队参加电力建设劳动，原告并以此为由起诉至人民法院，要求确认其与被告之间的劳动关系，并补缴社会保险。

二、裁判结果

在原告不能提交在被告发放的工作证、服务证等能够证明原告提供的劳动是受被告聘请、安排的情况下，原告要求确认2002年至2010年与被告存在劳动关系的证据不足，法院不予支持。原告诉请要求被告完善原告2002年6月至2010年12月之间的养老保险缴费事项，由于督促缴纳社会保险是行政机关职能范围，不属法院司法审查范畴，因此原告应向行政机关申请处理，判决驳回原告的诉讼请求。

三、法律分析

（一）原告与被告之间是否存在劳动关系

本案中，原告向法院提出确认原告与被告2002年6月起至2010年12月期间的劳动关系。并诉称于2002年6月至今一直从事电力建设劳动，自至2002年6月至2010年12月，原告一直都在电力部门（某供电有限责任公司、某供电公

司、某电力工程有限公司）所辖工程城网施工队参加电力建设劳动。被告辩称，原告和被告不存在劳动关系，也不存在事实劳动关系，原告诉状中可看出原告对主体认识混乱，提到4个主体，原告本人对提供劳动或劳务的对象都不清楚，不是为被告提供劳动，与被告不存在劳动关系。

依据《劳动和社会保障部关于确立劳动关系有关事项的通知》：

一、用人单位招用劳动者未订立书面劳动合同，但同时具备下列情形的，劳动关系成立。

（一）用人单位和劳动者符合法律、法规规定的主体资格；

（二）用人单位依法制定的各项劳动规章制度适用于劳动者，劳动者受用人单位的劳动管理，从事用人单位安排的有报酬的劳动；

（三）劳动者提供的劳动是用人单位业务的组成部分。

二、用人单位未与劳动者签订劳动合同，认定双方存在劳动关系时可参照下列凭证：

（一）工资支付凭证或记录（职工工资发放花名册）、缴纳各项社会保险费的记录；

（二）用人单位向劳动者发放的"工作证""服务证"等能够证明身份的证件；

（三）劳动者填写的用人单位招工招聘"登记表""报名表"等招用记录；

（四）考勤记录；

（五）其他劳动者的证言。

法院认为，原告要求确认2002年至2010年与被告存在劳动关系，提交电工进网作业许可证予以证明，但该许可证注册单位为电力有限公司某分公司，并非被告。虽然原告从2002年起一直在施工队上班，从事的也是与被告业务相关的工种，但该施工队隶属的单位并非被告，结合原告在庭审中关于2002年至2018年退休，其所工作的施工队先后以其他公司名义不停变换的陈述，法院认为，在原告不能提交在被告发放的工作证、服务证等能够证明原告提供的劳动受被告聘请、安排的情况下，原告要求确认2002年至2010年与被告存在劳动关系的依据不足，故法院未予以支持。

（二）原告诉讼请求是否已过诉讼时效

被告辩称，原告的请求事项超过仲裁时效，其请求不应得到支持。原告于2011年1月1日与某市精英人力资源服务有限公司签订书面《劳动合同》，之后一直续签从未间断。因此，自2011年1月1日起其应当知道与被告不存在劳动关系，其向被告主张之前存在劳动关系的诉讼时效起算点应是2011年1月1日，而不是其临近退休的2018年。且期间原告从未向被告主张，不存在时效中断中止情形，故其诉请已过诉讼时效。依据《中华人民共和国劳动争议调解仲裁法》第二十七条："劳动争议申请仲裁的时效期间为一年。仲裁期间从当事人知道其权利被侵害之日起计算……但是，劳动关系终止的，应当自劳动关系终止之日起一年内提出。"

原告曾向仲裁委申请仲裁，仲裁委以超过仲裁时效不予受理。

法院认为，原告从2002年起至2018年11月一直在施工队持续工作其劳动关系于2018年11月退休才终止，仲裁起算期限应当从劳动关系终止之日起计算原告申请仲裁时，并未超过仲裁时效。

（三）原告向法院申请被告完善原告2002年6月起至2010年12月期间的养老保险缴费事项是否属于法院受案范围

依据《社会保险费征缴暂行条例》第十三条："缴费单位未按规定缴纳和代扣代缴社会保险的，由劳动保障行政部门或者税务机关责令限期缴纳。"本案中，督促缴纳社会保险是行政机关职能范围，不属于法院司法审查范畴，原告应向行政机关申请处理。

四、启示与建议

1. 此问题为原民营企业体制改革时产生的遗留问题，员工对自己身份和建立劳动关系的单位认识不清造成的。今后在解决历史问题时应充分与员工进行沟通，进行有必要的法律宣贯，杜绝类似的员工误解的情况发生。

2. 重视公司各类用工的人事档案规范化管理，尤其是薪酬发放、劳动合同、工作证等关键资料，应做到严谨、规范，以做到有据可查。

3. 由于该用工不是个例，在集体企业中仍有几十个人处于相同的情况，今后要加大对这方面用工的关注，出现问题及时沟通，及时解决。

4. 梳理同类用工信息，分析原因利弊，找出对企业明显不利的因素，与员工及时沟通，化解矛盾。

5. 在劳动仲裁或诉讼阶段，根据现行法律法规规定，很大程度上是企业承担举证责任，因此要高度重视员工档案管理。

6. 做好仲裁、法院的沟通工作。

五、相关法条

劳动和社会保障部关于确立劳动关系有关事项的通知

一、用人单位招用劳动者未订立书面劳动合同，但同时具备下列情形的，劳动关系成立。

（一）用人单位和劳动者符合法律、法规规定的主体资格；

（二）用人单位依法制定的各项劳动规章制度适用于劳动者，劳动者受用人单位的劳动管理，从事用人单位安排的有报酬的劳动；

（三）劳动者提供的劳动是用人单位业务的组成部分。

二、用人单位未与劳动者签订劳动合同，认定双方存在劳动关系时可参照下列凭证：

（一）工资支付凭证或记录（职工工资发放花名册）、缴纳各项社会保险费的记录；

（二）用人单位向劳动者发放的"工作证""服务证"等能够证明身份的证件；

（三）劳动者填写的用人单位招工招聘"登记表""报名表"等招用记录；

（四）考勤记录；

（五）其他劳动者的证言。

中华人民共和国劳动争议调解仲裁法

第二十七条　【仲裁时效】劳动争议申请仲裁的时效期间为一年。仲裁时效期间从当事人知道或者应当知道其权利被侵害之日起计算。

前款规定的仲裁时效，因当事人一方向对方当事人主张权利，或者向有关部门请求权利救济，或者对方当事人同意履行义务而中断。从中断时起，仲裁时效期间重新计算。

因不可抗力或者有其他正当理由，当事人不能在本条第一款规定的仲裁时效期间申请仲裁的，仲裁时效中止。从中止时效的原因消除之日起，仲裁时效期间继续计算。

劳动关系存续期间因拖欠劳动报酬发生争议的，劳动者申请仲裁不受本条第一款规定的仲裁时效期间的限制；但是，劳动关系终止的，应当自劳动关系终止之日起一年内提出。

※ 早期招聘不完善，积劳问题延至今

案例十：马某诉某供电分公司劳动争议纠纷案

一、案情简介

1984年7月，马某被公司聘用，马某与公司建立了劳动关系。马某一直工作至2004年，与被告供电公司一直存在劳动关系。2004年1月，双方协商，解除劳动关系，公司一次性给予马某经济补偿11144元。此前，被告自1995年12月起为被告在商业保险公司投了养老保险，原告自2005年1月始一直领取共计23800元，该养老金领取终止日期为被保险人身故日期。因福利待遇、养老保险缴纳问题，原告多次向被告要求，供电公司又于2010年为其缴纳12个月的养老保险费，2011年缴纳10个月的养老保险费。之后，双方就有关福利待遇协商未果。2015年2月9日，原告提请仲裁，仲裁委以申请人仲裁超时效为由作出不予受理通知书。随之提起诉讼，请求：①依法确认原被告存在劳动关系；②判令被告为原告补发职工工资福利待遇共计122584元，并补缴养老保险金；③案诉讼费用由被告承担。

二、裁判结果

驳回原告诉讼请求。

三、法律分析

公司于2003年制定《关于对原服务站会计解聘后的经济补偿办法》，已与被告解除劳动关系，原告已领取补偿金。原告为农村村民，自1984年7月经被告招聘，其工作性质是对被告处工作的协助和补充，是中国经济改革开放中农村基层工作的特定产物。因此原告自1984年至2004年1月与被告间没有形成规范的劳动用工关系，虽已超过十年，但此期间不适用2008年1月1日施行的劳动合同法的规定，根据1995年1月1日施行《中华人民共和国劳动法》第二十条："劳动者在同一用人单位连续工作满十年以上，当事人双方同意续延劳动合同的，如果劳动者提出订立无固定期限的劳动合同，应当订立无固定期限的劳动合同。"签订无固定期限劳动合同需符合三个条件，即在同一用人单位连续工作满十年以上，当事人双方同意续延劳动合同，劳动者提出申请。三个条件缺一不可。本案原告未提交满足订立无固定期限的劳动合同的事实条件，不足以认定此期间原被告间存在无固定期限劳动关系。并且自2004年1月份经协商双方已解除聘任劳动关系，此后原被告已不存在劳动关系。

四、启示与建议

要强化劳动合同的基础管理工作。本案能够胜诉很大程度上得益于对人事相关资料的妥善保管，因此用人单位要把劳动合同管理作为加强企业内部管理的重要内容，确定专人实施管理工作，实行分层次管理，建立健全劳动合同档案和有关台账，运用计算机网络等现代化管理手段，对劳动合同实施动态管理，依据国家法律、法规和政策，规范、及时、准确地进行劳动合同的续签、变更、终止或解除，依法清理不规范劳动关系，通过建立正常的劳动合同管理机制，推动人力资源的合理流动。

五、相关法条

中华人民共和国劳动法

第二十条　劳动合同的期限分为有固定期限、无固定期限和以完成一定的工作为期限。

　　劳动者在同一用人单位连续工作满十年以上，当事人双方同意续延劳动合同的，如果劳动者提出订立无固定期限的劳动合同，应当订立无固定期限的劳动合同。

第四章

财产损害纠纷案例

※ 20年前财产受损，20年后维权败诉

案例一：温某诉某供电分公司财产损害赔偿纠纷案

一、案情简介

2001年原告以14.4万元购买某镇木炭厂，购买资产中，包括一台50千伏安变压器、一根10米水泥电杆、高压线240米，随后原告在此院开办肉食鸡养殖场。2003年7月28日，供电公司对10千伏高低压线路及台区进行农网改造。改造前期，原告所属木炭厂处于停工状态，只有看护照明，老旧变台相当于空载运行，变压器损耗很大，线路老化且穿越居民区，不符合安全要求，原告自身又无力整改。为此，2003年供电所对其进行改造，作业前对涉及改造的用户进行宣传告知，并经原告同意，以及烟站许可，撤销专用台，合并新建综合变台。原告称因改造停电，致使鸡场无法继续生产，造成直接损失8万余元，且场内变压器、电线杆、高压线被供电所人员拆卸运走，使得鸡场被迫停产低价以12万出售。故原告向法院起诉供电公司，索赔各项损失合计16.4万元。

二、裁判结果

原告诉讼超时效，且原告未提供有效证据，法院最终驳回其诉求。

三、法律分析

原告的诉讼请求是否超过诉讼时效？

本案事发时间在2001年6月，至今已有20年之久，且在此期间未出现诉讼

时效中断情况。《中华人民共和国民法典》第一编（总则）第九章（诉讼时效）第一百八十八条："向人民法院请求保护民事权利的诉讼时效期间为三年。法律另有规定的，依照其规定。诉讼时效期间自权利人知道或者应当知道权利受到损害以及义务人之日起计算。法律另有规定的，依照其规定。但是，自权利受到损害之日起超过二十年的，人民法院不予保护，有特殊情况的，人民法院可以根据权利人的申请决定延长。"据此，原告诉讼超时效，且原告未提供有效证据，法院最终驳回其诉求。

四、启示与建议

1. 作为服务地区经济发展建设和满足广大居民生活用电需求的供电企业，在电力设施建设、改造、运维等生产经营活动中，应做好项目档案、补偿协议、巡视记录、整改告知等运维和宣传资料的收集归档，加强证据留存。

2. 在电网建设及设备运维受到妨害时，项目建设单位和设备运维单位应第一时间采取向干预建设方做好解释沟通、向建筑物业主或相关设施产权单位下达安全隐患通知书，签订安全协议等方式制止，并向政府各级工信、安监部门及时报备；同时督促建筑物业主或相关设施产权单位对隐患进行彻底整改，经协商无效的应及时通过法律手段，进一步维护企业合法权益。

3. 由于农村群众的法制观念还普遍较为淡薄，应有针对性的持续开展安全用电知识等普法宣传活动，充分运用"报、网、端、微、屏"等载体开展多渠道宣传，依托市区营业厅、村镇供电所等有利场所，结合线路巡视、催费抄收生产经营活动，深入社区、商场、学校、集市等人口密集地带，宣传法律法规和安全用电知识，提高客户自我保护和防范意识，营造社会良好用电环境。

五、相关法条

中华人民共和国民法典

第一百八十八条　向人民法院请求保护民事权利的诉讼时效期间为三年。

法律另有规定的，依照其规定。

诉讼时效期间自权利人知道或者应当知道权利受到损害以及义务人之日起计算。法律另有规定的，依照其规定。但是，自权利受到损害之日起超过二十年的，人民法院不予保护，有特殊情况的，人民法院可以根据权利人的申请决定延长。

※ 补偿协议已履行完毕，被诉仍需担责被驳回

案例二：某矿业有限公司诉某供电公司、
某省电力公司财产损害赔偿纠纷案

一、案情简介

原告主张，某粘土矿于2010年9月20日取得采矿权，被告某1000千伏特高压交流输变电工程从矿区穿过，在矿区地表建设六座高压线塔，被告称塔位下深度约120米范围内的矿区部分限制开采，其他区域采矿不受影响，双方据此签订了补偿协议，被告补偿原告采矿权价值53.75万元。2018年5月11日，安全生产监督管理局《整改复查意见书》认定该矿柱为永久矿柱，生产过程中禁止开采，被告应该对塔位下120米以外区域部分进行赔偿。高压线塔下禁止开采后，原告需改建附属设施，新建巷道，由此造成的运营成本增加损失被告应予以补偿，被告还应赔偿原告在此期间重新编制矿产资源开发利用方案，安全设施设计等支付的费用，以上损失费用部分具体数额以人民法院委托评估的结果为准。

二、裁判结果

本案经历一审、二审、再审。一审法院认为高压线塔保护问题，原告采取的相关保护措施与被告有直接的利害关系，原告单方与勘测设计公司签订合同并出具报告，以此主张被告赔偿，证据不足，原告要求的鉴定内容法院不予采纳，对原告的诉讼请求不予支持。二审驳回上诉，维持原判。再审驳回起诉。

三、法律分析

原告是否有权向被告主张权利？

某粘土矿在本案中要求两被上诉人再行对其赔偿的理由为，安监部门以其对矿区内的6座高压线塔未采取安全措施进行保护为由责令其整改，其自行委托他人编制的《矿产资源开发利用方案》《安全设施设计》通过了相关部门的整改复查，因此而发生的费用及损失应当由两被上诉人承担。而对于矿区内的6座高压线塔的保护及限制开采等事宜，供电公司与某粘土矿已经签订限制开采补偿协议并履行完毕，且双方约定补偿协议系限制开采范围的最终补偿结算协议。现某粘土矿在本案中并未提供有效证据证实被安监部门责令整改系因供电公司与其签订的补偿协议中约定补偿的限制开采范围不足以对于高压线塔进行保护，即因高压线塔的压覆导致补偿协议约定的限制开采范围外的矿产资源仍不能进行开采，亦即其系在开采补偿协议约定限制开采范围以外矿产资源的过程中被安监部门责令整改。在此情形下，某粘土矿因安监部门的责令限期整改指令书而自行委托相关单位作出的《矿产资源开发利用方案》和《安全设施设计》不能作为认定其除限制开采补偿协议外还存在损失并应当另行得以赔偿或补偿的依据。某粘主矿关于两被上诉人应当就高压线塔下120米深度以外的矿产资源予以赔偿的上诉主张不能成立。

四、启示与建议

建议在建设项目形成压覆后，一定要严格依照国家法律法规或国家、地方其他规范性文件要求的流程进行处理，该报批的报批，不需报批的协商补偿。签订补偿协议时，要明确此系限制开采范围的最终补偿协议，可以在签订前善意提醒被压覆矿的权利人向政府各有关部门备案或报批。

五、相关法条

中华人民共和国民事诉讼法

第六十四条　当事人对自己提出的主张，有责任提供证据。

当事人及其诉讼代理人因客观原因不能自行收集的证据，或者人民法院认为审理案件需要的证据，人民法院应当调查收集。

人民法院应当按照法定程序，全面地、客观地审查核实证据。

最高人民法院关于适用《中华人民共和国民事诉讼法》的解释

第九十条　当事人对自己提出的诉讼请求所依据的事实或者反驳对方诉讼请求所依据的事实，应当提供证据加以证明，但法律另有规定的除外。

在作出判决前，当事人未能提供证据或者证据不足以证明其事实主张的，由负有举证证明责任的当事人承担不利的后果。

※ 急于送电惹事故，责任需要双方担

案例三：唐某、彭某诉某供电分公司财产损害赔偿纠纷案

一、案情简介

原告诉称，2016年8月2日中午，原告家里突然停电，原告通过物业公司联系电工前来检查，经检查为线路缺相。于是原告联系被告供电公司派人处理，经供电公司工作人员现场检查为原告三相电表中A相端子被烧坏，需更换电表。当时天气十分炎热，原告家里急需使用空调，工作人员直接将A相线路接通（未经过电表）并恢复供电。当日下午5点左右，原告家里发生火灾。

二、裁判结果

通过事实认定，二者结合引发本次火灾。由于双方的责任大小难以确定，法院根据本案实际情况确定被告电力公司承担50%的赔偿责任，原告承担50%的责任。

三、法律分析

双方责任认定问题。法院认为，根据《中华人民共和国侵权责任法》第六条："行为人因过错侵害他人民事权益，应当承担侵权责任……"第十二条："二人以上分别实施侵权行为造成同一损害，能够确定责任大小的，各自承担相应的责任；难以确认责任大小的，平均承担赔偿责任。"本案中，被告电力公司工作人员在未排除房屋内是否存在短路等安全隐患的情况下，贸然改接线路、恢复供电，处理不当；彭某作为房屋的实际使用人和管理人对房屋室

内电气线路未做到及时检修和维护，在房屋内电气线路出现故障后未及时排除；二者结合引发本次火灾。由于双方的责任大小难以确定，本院根据本案实际情况确定被告电力公司承担50%的赔偿责任，彭某承担50%的责任。

四、启示与建议

1.电力公司工作人员在事故抢修过程中，应严格按照事故抢修流程，对不具备送电条件的，不应送电。在完成公司产权内的事故抢修工作后，应督促客户检查自己的设备设施故障情况，在得到客户书面的自身设备已不存在故障，可以恢复送电的承诺后，才能给客户恢复送电。

2.法律部门和案涉部门应第一时间到现场收集固定证据，加强对工作人员业务素质和事故抢修流程培训，相关部门应严格按照事故抢修流程进行事故抢修，恢复送电应慎重，与司法鉴定机构进行沟通协调，避免出现鉴定结果对电力公司完全不利的情况。

五、相关法条

中华人民共和国侵权责任法

第六条　行为人因过错侵害他人民事权益，应当承担侵权责任。

根据法律规定推定行为人有过错，行为人不能证明自己没有过错的，应当承担侵权责任。

第十二条　二人以上分别实施侵权行为造成同一损害，能够确定责任大小的，各自承担相应的责任；难以确认责任大小的，平均承担赔偿责任。

※ 冷库断电惹纠纷，证据收集很重要

案例四：梁某诉某村委会、某供电公司财产损失纠纷案

一、案情简介

原告梁某于2005年建成冷库，冷库当时所接变压器用电户名是某村东北，供电单位为某供电公司营业所。2012年9月26日被告某村委会向供电公司提出申请称：涉案排灌变压器需要停电检修，申请电力部门配合我村村委会停电检修。被告供电公司确认在2012年9月26日14时至2012年9月28日16时西河头村东北变压器属停电状态，被告定供电公司未通知到原告梁某。2014年原告冷库的十名储户诉来法院，要求梁某与供电公司赔偿其损失，2014年9月17日法院作出的民事判决认定梁某赔偿十名储户因仓储原因致使该冷库所存十名储户的糯玉米损失共计1105550元。为此原告诉来本院，原告认为被告供电公司擅自断电14天是造成自己及储户巨额损失的原因，被告供电公司应赔偿此损失2260963元。

二、裁判结果

一审法院认为证据不足，无法证明被告断电与供电公司有直接关系，驳回梁某诉讼请求。

二审法院认为，上诉人要求赔偿其冷库仓储损失，其缺乏规范的合同依据。因为冷库用电的依赖性、特殊性很强，所以断电时间、断电的通知义务等事实，需有得力证据予以证实。因此上诉人的上诉理由不足以否定一审认定的理由，故本院对上诉请求不予支持。

再审法院认为,本案系供用电合同纠纷。针对梁某的再审申请,经审查,原一、二审判决对梁某与供电公司之间是否形成供用电合同关系认定不清,相关表述与事实不符,应予以再审查明。关于损失问题,应查明损失形成的原因以及扩大损失的责任。至于损失的数额,已生效法律文书确定的损失数额,若无其他相反证据,一般应予认定。裁定如下:

指令某市中级人民法院再审本案;再审期间,中止原判决的执行。

三、法律分析

原告的损失是否与断电存在因果关系?

供用电合同是供电人向用电人供电,用电人支付电费的合同,具体到本案由被告供电公司向某村东北变压器供电,而原告冷库从2005年建成直至2012年9月都在使用某村委会村东北变压器,并直接向供电公司缴纳电费,其间原告梁某与被告供电公司供电关系一直履行,双方形成事实的供用电合同关系。供电人因供电设施计划检修、临时检修或用电人违法用电等原因,需要中断供电时,应按照国家有关规定事先通知用电人,未事先通知用电人中断供电,造成用电人损失的,应当承担损害赔偿责任,但本案中原告未提交足够的证据证实其诉请的损失是由中断供电造成的,且原告起诉请求损失的数额(包括原告因仓储合同纠纷中未尽到妥善保管义务而被生效判决确认的赔偿数额)中由供电中断造成损失的具体数额,原告也未提交足够的证据,故难以认定原告的损失与断电两天的具体因果关系,本院无法支持原告的诉讼请求。

二审法院认为,当事人对自己提出的诉讼请求所依据的事实有责任提供证据加以证明,没有证据或者证据不足以证明当事人主张的,由负有举证责任的当事人承担不利后果。本案中上诉人梁某冷库用电接入的变压器的用途登记的是农业排灌,而冷库的用电性质与农业排灌的用电性质有所区别,虽然双方形成了事实的供用电合同关系,但上诉人未提交充分的证据证实其诉请的损失是由供电公司中断供电造成的,也不能证明上诉人的损失与被上诉人断电两天存在直接因果关系，且上诉人对损失的数额，亦未提交充分的证据予以证实。因此上诉人的上诉理由不足以否定一审认定的理由。

四、启示与建议

1. 这起案件本质是一起停电引起的经济纠纷案，用电方在用于农业灌溉的变压器上，建设冷库用电，并且没有到供电公司备案，公司在正常检修停电时无法通知到其本人。冷库停电造成产品变质受损，造成法律纠纷，提示我们要加强用电报装管理，及时签订供用电合同，加强法律宣传，掌握用户基本资料，避免法律风险。

2. 建议营销部对历史遗留一些存在条款约定不到位的《供用电合同》集中一次进行梳理，对老旧的《供用电合同》及时进行补签，明确突发事件中断供电的免责约定，以及明确养殖户需要自身配备自备发电机来保证不中断供电的要求。

3. 此次案件暴露出的问题主要是线路涉及冷库户供电，营销还是有必要对此类用户供用电合同约定条款进行细化，对用户自身自备应急电源做出明确要求。

五、相关法条

中华人民共和国电力法（2018年修正）

第二十七条　电力供应与使用双方应当根据平等自愿、协商一致的原则，按照国务院制定的电力供应与使用办法签订供用电合同，确定双方的权利和义务。

中华人民共和国合同法

第一百七十六条　【定义】供用电合同是供电人向用电人供电，用电人支付电费的合同。

第一百八十条 【中断供电的通知义务】供电人因供电设施计划检修、临时检修、依法限电或者用电人违法用电等原因，需要中断供电时，应当按照国家有关规定事先通知用电人。未事先通知用电人中断供电，造成用电人损失的，应当承担损害赔偿责任。

第三条 人民法院应当向当事人说明举证的要求及法律后果，促使当事人在合理期限内积极、全面、正确、诚实地完成举证。

当事人因客观原因不能自行收集的证据，可申请人民法院调查收集。

※ 电线短路引火灾，产权归属定担责

案例五：王某、徐某诉某供电公司财产损害赔偿纠纷案

一、案情简介

2021年12月18日17时29分，原告王某、徐某房屋不慎着火，居民随后拨打"119"火警电话。县消防救援大队到达后，由于王某屋顶装有光伏板，严重影响了灭火的速度，最终导致火情持续了将近7个小时，造成王某房屋的烧毁。

经县消防救援大队火灾事故调查人员贾某出具的火灾事故调查认定书（消火认简字〔2021〕第0020号），认为：火灾起火原因是原告住房东边的房屋北侧苇板下方的电线发生短路故障，进而导致引燃周边可燃物，属于客户内部线路故障而引发的火灾事故。居民家中未自行安装三级漏电保护器，以及屋顶的光伏板，致使火情持续近7个小时。供电公司基层供电所工作人员到达火灾事故现场后，王某、徐某一直拒绝被告到现场进行勘验勘察。

事后原告将供电公司告至法院，其请求：经法院指定机构对房屋进行鉴定，被告赔偿经济损失90240元、评估费5000元，共计95240元；诉讼费用由被告承担。

经对火灾事故调查得知：火灾起火原因是原告住房东边的房屋北侧苇板下方的电线发生短路故障，进而导致引燃周边可燃物，属于客户内部线路故障而引发的火灾事故。原告家中未安装三级漏电保护器，以及屋顶的光伏板，致使火情持续近7个小时。

二、裁判结果

2022年4月26日，当地法院做出判决，出具〔2022〕鲁1423民初41号民事判决书，驳回原告王某、徐某诉讼请求，案件代理费用由原告承担。

三、法律分析

（一）火灾事故发生地点的产权属于哪一方

根据消防事故调查认定书（消火认简字〔2021〕第0020号），火灾原因为居民房间苇板下方的电线发生短路故障而引发的火灾，可以证明发生故障的电线产权属于居民所有。

（二）供电公司与原告签订的供用电合同是否有效

双方于2021年10月27日签订的《低压居民供用电协议》中"供用电设施产权归属"规定："供用电设施产权及维护用电设施产权的责任分界点为表后出现2厘米，分界点负荷侧供用电设施产权属于用电方，由用电方负荷运行维护管理。在供用电设施上发生的法律责任，按供用电设施产权归属确定。"拥有该用电产权的原告，应当自行承担事故责任及损失，与供电公司无关。

四、启示与建议

对公司所有供用电合同的签订规范性进行核查，对签订不规范、需要变更的合同重新签订工作，为在收费额的计算、收费方式、收费措施等方面引起的纠纷提供法律依据，进一步规范双方的权利义务。

强化问责机制。提高工作人员责任担当意识，认真负责履职，正视工作过程当中的隐患，深化隐患排查与治理，对于因部门、从业人员重大过失或者不依法依规履职造成事故，给单位造成重大损失或较坏影响的，应予以追责。

五、相关法条

中华人民共和国民法典

第五百零二条　依法成立的合同，自成立时生效，但是法律另有规定或者当事人另有约定的除外。

依照法律、行政法规的规定，合同应当办理批准等手续的，依照其规定。未办理批准等手续影响合同生效的，不影响合同中履行报批等义务条款以及相关条款的效力。应当办理申请批准等手续的当事人未履行义务的，对方可以请求其承担违反该义务的责任。

依照法律、行政法规的规定，合同的变更、转让、解除等情形应当办理批准等手续的，适用前款规定。

第五百零九条　当事人应当按照约定全面履行自己的义务。

当事人应当遵循诚信原则，根据合同的性质、目的和交易习惯履行通知、协助、保密等义务。

当事人在履行合同过程中，应当避免浪费资源、污染环境和破坏生态。

第六百五十条　供用电合同的履行地点，按照当事人约定；当事人没有约定或者约定不明确的，供电设施的产权分界处为履行地点。

第六百五十五条　用电人应当按照国家有关规定和当事人的约定安全、节约和计划用电。用电人未按照国家有关规定和当事人的约定用电，造成供电人损失的，应当承担赔偿责任。

供电营业规则

第四十七条　供电设施的运行维护管理范围，按产权归属确定。责任分界点按下列各项确定：

1.公用低压线路供电的，以供电接户线用户端最后支持物为分界点，支持物属供电企业。

2.10千伏及以下公用高压线路供电的，以用户厂界外或配电室前的第一断路器或第一支持物为分界点，第一断路器或第一支持物属供电企业。

3.35千伏及以上公用高压线路供电的，以用户厂界外或用户变电站外第一基电杆为分界点。第一基电杆属供电企业。

4.采用电缆供电的，本着便于维护管理的原则，分界点由供电企业与用户协商确定。

5.产权属于用户且由用户运行维护的线路，以公用线路分支杆或专用线路接引的公用变电站外第一基电杆为分界点，专用线路第一基电杆属用户。

在电气上的具体分界点，由供用双方协商确定。

第五十一条　在供电设施上发生事故引起的法律责任，按供电设施产权归属确定。产权归属于谁，谁就承担其拥有的供电设施上发生事故引起的法律责任。但产权所有者不承担受害者因违反安全或其他规章制度，擅自进入供电设施非安全区域内而发生事故引起的法律责任，以及在委托维护的供电设施上，因代理方维护不当所发生事故引起的法律责任。

※ 损坏电力设施，依法律当赔偿

案例六：马某、杨某诉某供电公司财产损害赔偿纠纷案

一、案情简介

2018年10月20日晚10时左右，原告马某、杨某家崖背发生大面积垮塌，压垮牛棚10间、料棚2间、压死牛4头、损坏厨房2间、压伤原告杨某。另查明，垮塌崖面上方被告供电公司栽有一组两根跨沟的高压线，该组电线杆现已将上方高压线迁移，但电杆仍在原处。

原告认为是供电公司所属产权杆塔倾倒并发生大面积垮塌，致使原告房屋、牛棚、牛料棚等损害，原告杨某受伤。遂将供电公司告至法院，请求供电公司赔偿人身损害费用5339.09元，赔偿原告财产损失212000元，承担坡护治理费9万元，承担本案诉讼费用。

二、裁判结果

法院认定：原告马某家财产受损及原告杨某受伤确系崖面塌陷造成，被告供电公司虽在原告崖面上方栽有一组高压线杆，但原告未提供证据证明该崖面塌陷与被告供电公司高压电杆之间是否具有因果关系。因此，原告的主张无事实和法律依据，法院不予支持。一审法院驳回马某、杨某的诉讼请求。二审法院认定原告损害事实、损害后果与供电公司管理的电线杆之间存在因果关系证据不足，维持一审法院判决。

三、法律分析

本案主要争议焦点是马某家崖背垮塌与其崖背上的供电公司管理的电线杆是否存在因果关系。

1. 委托某建材科研设计院对马某家房屋、料棚、牛棚等倒塌与供电公司的电杆之间的因果关系进行司法鉴定，但因技术原因无法予以鉴定，终止法院委托。

2. 根据《最高人民法院关于适用〈中华人民共和国民事诉讼法〉的解释（2020年修正）》第九十条规定："当事人对自己提出的诉讼请求所依据的事实或者反驳对方诉讼请求所依据的事实，应当提供证据加以证明，但法律另有规定的除外。在作出判决前，当事人未能提供证据或者证据不足以证明其事实主张的，由负有举证证明责任的当事人承担不利的后果。"一、二审原告均未能提交有效证据证明。

四、启示与建议

1. 电力设施设计与架设要依法合规是根本，特别是在建设、使用过程中，如果发现有相关规定需要向行政机关报批备案，应及时按照要求办好规定的手续。在要求报批备案之前就已经存在的线路，也应进行补办，以免在发生事故时被对方以此为由追究责任。

2. 对高度、跨度等有要求的线路，应及时请测量部门进行测量并出具正规的测量报告，以备在发生纠纷时有据可查。

3. 办理案件，法律理论和依据是基础，要积极从法律上找依据、即便法官有偏袒，我们也能依据法律程序予以纠正。

五、相关法条

中华人民共和国民法通则

第五条　公民、法人的合法的民事权益受法律保护，任何组织和个人不得侵犯。

最高人民法院关于适用
《中华人民共和国民事诉讼法》的解释（2020年修正）

第九十条　当事人对自己提出的诉讼请求所依据的事实或者反驳对方诉讼请求所依据的事实，应当提供证据加以证明，但法律另有规定的除外。

在作出判决前，当事人未能提供证据或者证据不足以证明其事实主张的，由负有举证证明责任的当事人承担不利的后果。

第五章

触电人身损害赔偿案例

※ 安全警示未设置，供电公司有过错

案例一：张某诉某供电公司追偿权纠纷案

一、案情简介

2021年5月5日，张某线下无证操作吊车，王某抓着扶手。由于吊车臂杆伸开很高，触碰到高压线，王某触电，经抢救无效死亡。涉案线路为大韩架空高压线路，产权属某公司所有，架空高压线路形成在前，预制板厂形成在后，该预制板厂系张某于2019年6月6日在此处经营。事发后，张某与王某亲属协商一致，赔偿60万元。

2021年9月26日，张某向某市人民法院提起诉讼，要求对支付给王某亲属的60万元补偿款向某供电公司追偿。

二、裁判结果

法院认为，某供电公司作为涉案架空高压线路的产权人，未进行有效的安全管理，未设置足以引起他人注意、提醒此处有高度危险的安全警示标志，存在一定的过错，应承担次要责任（30%）。原告张某在架空电力保护区内实施作业，且未采取任何安全措施，承担主要责任（60%）。王某没有尽到应有的注意，主观上存在着疏忽大意，应承担相应责任（10%）。一审判决某供电公司给付原告张某垫付的赔偿款18万元。

三、法律分析

（一）关于当事人的责任问题，王某因触电死亡的损害结果是"多因一果"的情形，某供电公司承担次要责任

《中华人民共和国民法典》第一千二百三十六条规定，某供电公司作为案涉线路的经营者系高度危险活动的经营者，应按照承担无过错责任，但不能因某供电公司承担无过错责任而免除其他侵权主体承担的过错责任。根据《中华人民共和国电力法》第六十条规定，因电力运行事故给用户或者第三人造成损害的，电力企业应当依法承担赔偿责任。因用户或者第三人的过错给电力企业或者其他用户造成损害的，该用户或者第三人应当依法承担赔偿责任，《中华人民共和国民法典》第一千一百六十五条规定"行为人因过错侵害他人民事权益造成损害的，应当承担侵权责任。依照法律规定推定行为人有过错，其不能证明自己没有过错的，应当承担侵权责任"，故某供电公司承担次要责任。

（二）某供电公司在本案中存在过错

安全用电是供电方和用电方的双重义务，某供电公司作为供电企业，作为案涉架空高压线路的产权人，对案涉线路具有管理、维护的义务和责任。其未进行有效的安全管理，未设置足以引起他人注意的、提醒此处有高度危险的安全警示标志，极大地增加了触电的危险性，某供电公司的行为，明显存在着一定的过错，与王某的电击死亡存在着必要的关联和因果关系，根据《中华人民共和国民法典》第一千二百四十条规定，应对案外人王某的电击死亡，承担过错责任。

四、启示与建议

1. 狠抓案件源头治理，全面压降案件数量。全面梳理分析近年来公司纠纷案件情况，深入查找管理中存在的问题和隐患，印发法律风险提示书，全

面加强风险控制。针对触电伤害、线路保护区违章作业、违章建筑、供用电合同管理等重点领域，全面开展案件数量压降和法律风险隐患治理专项行动，建立问题台账，明确整改措施及整改时限，集中解决一批法律风险和突出问题，从源头上降低案件产生风险。

2. 落实案件包保机制，强化案件责任追究。对于新发纠纷案件，均由分管领导包保，重大、重要案件由公司主要负责人包保督办。加强与地方法院等司法部门沟通汇报，积极宣传好电力专业知识、典型案件，争取理解和支持，避免同案不同判等问题发生。全面推行法律纠纷案件发生、处理、整改情况"说清楚"制度，优化案件追责、约谈、会商机制，对于败诉案件"一事一议"追责问责。

3. 加强普法宣传教育，提升全员法治思维。针对案件暴露的法律风险防范意识不足等问题，将普法教育融入主题学习、专业会议，建立常态化教育机制，重点提高基层人员、供电服务员工法律意识和法律能力。加强宣传组织工作，联合运检、营销等部门，积极利用报纸、杂志、网络、"村村通"广播等各类媒介开展常态化安全用电宣传，尤其在触电高发季节、区域针对特定人群开展防触电专题警示宣传，提升社会公众的防触电意识和能力。

五、相关法条

中华人民共和国民法典

第一千一百六十五条　行为人因过错侵害他人民事权益造成损害的，应当承担侵权责任。

依照法律规定推定行为人有过错，其不能证明自己没有过错的，应当承担侵权责任。

第一千二百三十六条　从事高度危险作业造成他人损害的，应当承担侵权责任。

第一千二百四十条　从事高空、高压、地下挖掘活动或者使用高速轨道运输工具造成他人损害的，经营者应当承担侵权责任；但是，能够证明损害是因受害人故意或者不可抗力造成的，不承担责任。被侵权人对损害的发生有重大过失的，可以减轻经营者的责任。

中华人民共和国电力法

第十一条　城市电网的建设与改造规划，应当纳入城市总体规划。城市人民政府应当按照规划，安排变电设施用地、输电线路走廊和电缆通道。

任何单位和个人不得非法占用变电设施用地、输电线路走廊和电缆通道。

第十九条　电力企业应当加强安全生产管理，坚持安全第一、预防为主的方针，建立、健全安全生产责任制度。

电力企业应当对电力设施定期进行检修和维护，保证其正常运行。

第三十四条　供电企业和用户应当遵守国家有关规定，采取有效措施，做好安全用电、节约用电和计划用电工作。

第六十条　因电力运行事故给用户或者第三人造成损害的，电力企业应当依法承担赔偿责任。

电力运行事故由下列原因之一造成的，电力企业不承担赔偿责任：

（一）不可抗力；

（二）用户自身的过错。

因用户或者第三人的过错给电力企业或者其他用户造成损害的，该用户或者第三人应当依法承担赔偿责任。

电力设施保护条例

第十一条　县以上地方各级电力管理部门应采取以下措施，保护电力设施：

（一）在必要的架空电力线路保护区的区界上，应设立标志，并标明保护区的宽度和保护规定；

（二）在架空电力线路导线跨越重要公路和航道的区段，应设立标志，并标明导线距穿越物体之间的安全距离；

（三）地下电缆铺设后，应设立永久性标志，并将地下电缆所在位置书面通知有关部门；

（四）水底电缆敷设后，应设立永久性标志，并将水底电缆所在位置书面通知有关部门。

第十七条　任何单位或个人必须经县级以上地方电力管理部门批准，并采取安全措施后，方可进行下列作业或活动：

（一）在架空电力线路保护区内进行农田水利基本建设工程及打桩、钻探、开挖等作业；

（二）起重机械的任何部位进入架空电力线路保护区进行施工；

（三）小于导线距穿越物体之间的安全距离，通过架空电力线路保护区；

（四）在电力电缆线路保护区内进行作业。

电力设施保护条例实施细则

第三条　电力管理部门、公安部门、电力企业和人民群众都有保护电力设施的义务。各级地方人民政府设立的由同级人民政府所属有关部门和电力企业（包括：电网经营企业、供电企业、发电企业）负责人组成的电力设施保护领导小组，负责领导所辖行政区域内电力设施的保护工作，其办事机构设在相应的电网经营企业，负责电力设施保护的日常工作。

电力设施保护领导小组，应当在有关电力线路沿线组织群众护线，群众护线组织成员由相应的电力设施保护领导小组发给护线证件。

各省（自治区、直辖市）电力管理部门可制定办法，规定群众护线组织形式、权利、义务、责任等。

第四条　电力企业必须加强对电力设施的保护工作。对危害电力设施安全的行为，电力企业有权制止并可以劝其改正、责其恢复原状、强行排除妨害，责令赔偿损失、请求有关行政主管部门和司法机关处理，以及采取法律、法规或政府授权的其他必要手段。

第九条 电力管理部门应在下列地点设置安全标志：

（一）架空电力线路穿越的人口密集地段；

（二）架空电力线路穿越的人员活动频繁的地区；

（三）车辆、机械频繁穿越架空电力线路的地段；

（四）电力线路上的变压器平台。

最高人民法院关于审理人身损害赔偿案件适用法律若干问题的解释

第十四条 丧葬费按照受诉法院所在地上一年度职工月平均工资标准，以六个月总额计算。

第十五条 死亡赔偿金按照受诉法院所在地上一年度城镇居民人均可支配收入标准，按二十年计算。但六十周岁以上的，年龄每增加一岁减少一年；七十五周岁以上的，按五年计算。

第十六条 被扶养人生活费计入残疾赔偿金或者死亡赔偿金。

第十七条 被扶养人生活费根据扶养人丧失劳动能力程度，按照受诉法院所在地上一年度城镇居民人均消费支出标准计算。被扶养人为未成年人的，计算至十八周岁；被扶养人无劳动能力又无其他生活来源的，计算二十年。但六十周岁以上的，年龄每增加一岁减少一年；七十五周岁以上的，按五年计算。

被扶养人是指受害人依法应当承担扶养义务的未成年人或者丧失劳动能力又无其他生活来源的成年近亲属。被扶养人还有其他扶养人的，赔偿义务人只赔偿受害人依法应当负担的部分。被扶养人有数人的，年赔偿总额累计不超过上一年度城镇居民人均消费支出额。

第二十三条 精神损害抚慰金适用《最高人民法院关于确定民事侵权精神损害赔偿责任若干问题的解释》予以确定。

※ 钓鱼触电事故多，产权分界点是关键

案例二：徐某、刘某、李某等诉某县供电公司、某村民委员会触电人身损害责任纠纷案

一、案情简介

2021年9月3日18时20分许，徐某在某县某村南的养牛场东约200米水沟处钓鱼时，因鱼竿触碰上方的10千伏后道口水站支线，致使其触电身亡。

事故发生后，经查明产权分界点"T"接点至后某水站变压器之间的线路、线杆及变压器均为某村委会的资产。"T"接点至后某水站变压器之间（包含变压器所在第1线杆）共计4根线杆，徐胜林钓鱼触电地点位于后某水站变压器所在第1线杆与"T"接点方向第2线杆之间，其事故发生线路产权属于某村委会。

2021年9月26日，徐某家属向某县人民法院提起诉讼，要求某县供电公司、某县某村村民委员会赔偿金额1152257.1元。一审过程中，供电公司提供于2016年10月16日与某村委会签订的《高压供用电合同》一份。

2021年12月29日，某县人民法院出具民事判决书〔2021〕鲁1423民初2477号，认为：（1）将供电公司作为高压线路的经营者，应当承担侵权责任；（2）供电公司提供的《高压供用电合同》中供用电合同产权分界点不明确：合同第7条"产权分界点及责任划分"约定"供用电设施产权分界点为'10kV某线与用户线T接点产权分界点'"，与"附件2：产权分界示意图"中分界点无法明确对应。（图中9#杆处为"T"接点，9#杆以上的后道口支线为供电公司产权、9#杆以下的后道口水站支线、变压器、线杆均为村委会产权）

二、裁判结果

一审判决：认定供电公司作为经营者并属于涉案线路产权所有者，判决供电公司承担无过错30%责任。

二审法院认为，（1）供电公司提供的"证据：某水站配变工程款收款凭证"不能证明是某水站的花费；（2）双方合同约定的产权分界点不明确，依据《供电营业规则》第四十七条规定"10千伏及以下公用高压线路供电的，以用户厂界外或配电室前的第一断路器或第一支持物为分界点"，判定事故涉线产权属于供电公司；（3）法院认为涉案线路是高压线路，相比某村委会，供电公司作为经营电力的专业部门，更有能力也有义务对涉事高压线路进行管理，认定公司作为经营者应承担侵权责任。二审判决：驳回上诉，维持原判。

三、法律分析

1. 供用电合同签订不规范，导致产权分界点不明确。合同第7条"产权分界点及责任划分"约定"供用电设施产权分界点为'10kV徐园子线与用户线T接点产权分界点'"，与"附件2：产权分界示意图"中分界点无法明确对应。同时，合同签署页没有签署时间。以上一系列合同签订不合规问题，是导致案件始终处于不利位置的关键点。

2. 对高压线路经营者的认定不明确。对供电设施产权所属者应确认为高压线路经营者产生异议。电流经过"T"接点流至某水站支线，某水站支线产权属于村委会，电流的使用权力、管理责任应为实际经营者某村委会，但法院始终认为高压线路的管理维护责任全部属于供电公司。

四、启示与建议

1. 制定合同三级审核机制，强化合同问题整改工作。组织各供电所开展供用电合同违规隐患排查整改行动，联合办公室下发法律风险提示书推动风险管控，制定公司供用电合同整改方案，构建供用电合同资料的监督闭环机制，制定业务人员、管理人员、归档人员三级审核机制并长期坚持，对高低压供用电合同签订率、双方签字、产权分界点约定等方面存在的问题进行梳理整改，按照节点化推进自查自纠工作，防范合同签订、变更、履行中的合规风险，切实提升供用电合同管理水平。

2. 深化案件源头治理，全面压降案件数量。认真贯彻落实省公司关于触电案件压降工作的决策部署，充分发挥客户经理、台区经理作用，持续加大安全用电宣传力度，提高客户安全依法用电意识。对于高压线下违法钓鱼、违章作业等行为，针对性地制定预控措施。同时，严格执行重要客户安全隐患"服务、通知、报告、督导"四到位制度，对检查出的所有在册隐患，向客户送达书面通知，确保通知、报告到位、不存遗漏，切实提升重要客户安全管理的规范性。

3. 落实案件败诉追责机制，切实提高案件管理水平。制定案件败诉追责考核方案，对专业部门、归口部门存在隐患排查治理不到位、未下达隐患排查整改通知书、线路安全警示标志安装不全等管理问题，监督、指导不到位、工作不主动不作为等责任问题进行考核问责，全面提高案件管理水平。

五、相关法条

中华人民共和国民法典

第一千二百四十条　从事高空、高压、地下挖掘活动或者使用高速轨道运输工具造成他人损害的，经营者应当承担侵权责任；但是，能够证明损害是因受害人故意或者不可抗力造成的，不承担责任。被侵权人对损害的发生有重大过失的，可以减轻经营者的责任。

供电营业规则

第四十七条　供电设施的运行维护管理范围，按产权归属确定。责任分界点按下列各项确定：

1.公用低压线路供电的，以供电接户线用户端最后支持物为分界点，支持物属供电企业。

2.10千伏及以下公用高压线路供电的，以用户厂界外或配电室前的第一断路器或第一支持物为分界点，第一断路器或第一支持物属供电企业。

3.35千伏及以上公用高压线路供电的，以用户厂界外或用户变电站外第一基电杆为分界点。第一基电杆属供电企业。

4.采用电缆供电的，本着便于维护管理的原则，分界点由供电企业与用户协商确定。

5.产权属于用户且由用户运行维护的线路，以公用线路分支杆或专用线路接引的公用变电站外第一基电杆为分界点，专用线路第一基电杆属用户。

在电气上的具体分界点，由供用双方协商确定。

※ 补偿协议已完成，证据不足以支撑

案例三：魏某诉白某、某村民委员会、某供电公司生命权、
　　　　健康权、身体权纠纷案

一、案情简介

2019年3月17日20时左右，魏某在手扶楼梯扶手上楼梯时摔倒，造成骨折，后在某市人民医院住院治疗。魏某称系楼梯扶手发生漏电，将其击倒。楼梯扶手为白某安装。2019年4月20日在张某、魏某、张某、白某在场的情况下，因魏某手不能动，由其大夫张某与白某的女儿白某签订了收条证明。女儿白某支付了赔偿款15000元。

魏某认为涉案楼梯扶手为白某私自安装，某市经法开发区某村民委员会（以下简称村委会）作为小区物业管理和主管部门未尽到管理职责，在发生严重电击时，某供电公司安装及管理的漏电保护设施未发生作用，导致原告受到侵害，故将白某、村委会、供电公司诉至法院。

二、裁判结果

法院判决驳回原告魏某的诉讼请求。

三、法律分析

1. 原告起诉称其被严重电击致伤，无有效证据证明，不能成立。本案中原告提交村委会的证明，因该村委会并不是当时在场人员，其出具的证明证实不了原告的伤是该楼梯扶手漏电导致的。且原告的诊断证明上也没有显示

原告曾受过电击。同理，因白某，张某并未亲眼看到原告魏某受伤的情况，只是后来听说，其出具的证明证实不了原告伤是因该楼梯扶手漏电导致。

2. 原告已与被告一白某达成补偿协议且履行完毕，再行主张赔偿于法无据。即使是原告受伤与被告白某私自安装楼梯扶手有关，双方已于2019年4月20日达成补偿协议，并已履行完毕。显然魏某未在收条证明上签字，但其丈夫签字时其在场，应视为其认可该证明。现原告再向被告主张赔偿无事实及法律依据，不应支持。

3. 供电公司对用户产权电力线路没有义务安装漏电保护器。本案事故线路为楼道村民公用照明线路，产权属业主共有，应由业主或物业管理部门承担运行维护管理义务。《农村电网剩余电流动作保护器安装运行规程》（DL/736-2010）规定户保和末级保护属于用户资产，应由用户出资安装并承担维护、管理责任。依据现行国家法律法规，供电公司对用户产权范围内触电、漏电保护装置无强制性安装、管理义务，因此，供电公司在本次事故中并无过错。

四、启示与建议

1. 深入开展隐患排查治理。排查台区漏保缺失、故障等隐患，加大三级漏保宣传普及力度，全面开展一、二级漏电保护器安装情况巡查，及时完成不动作、超定值保护器更换。加强供用电合同签订、变更管控，严格审查合同条款，明确产权与责任划分，规避触电责任风险。

2. 加大电力法规和安全用电宣传。组织安全生产月、"法律六进""防控疫情·法治同行"等专题普法活动，设计二十四节气普法微卡片，创新制作漫画普法、邮政普法，拍摄法治微动漫等，多途径宣传电力法律法规及安全用电知识，进一步提升社会公众的防触电意识和能力。

3. 注重触电防治总结提升。组织开展触电防治"回头看"，吸取触电防治三年行动工作经验教训，健全触电隐患排查治理的常态机制，扎实推进法律风险防范管理体系建设。

五、相关法条

中华人民共和国电力法

第六十条　因电力运行事故给用户或者第三人造成损害的，电力企业应当依法承担赔偿责任。

电力运行事故由下列原因之一造成的，电力企业不承担赔偿责任：

（一）不可抗力；

（二）用户自身的过错。

中华人民共和国侵权责任法

第二十八条　损害是因第三人造成的，由第三人承担侵权责任。

供电营业规则

第四十七条　供电设施的运行维护管理范围，按产权归属确定。责任分界点按下列各项确定：

1.公用低压线路供电的，以供电接户线用户端最后支持物为分界点，支持物属供电企业。

2.10千伏及以下公用高压线路供电的，以用户厂界外或配电室前的第一断路器或第一支持物为分界点，第一断路器或第一支持物属供电企业。

3.35千伏及以上公用高压线路供电的，以用户厂界外或用户变电站外第一基电杆为分界点。第一基电杆属供电企业。

4.采用电缆供电的，本着便于维护管理的原则，分界点由供电企业与用户协商确定。

5.产权属于用户且由用户运行维护的线路，以公用线路分支杆或专用线路接引的公用变电站外第一基电杆为分界点，专用线路第一基电杆属用户。

在电气上的具体分界点，由供用双方协商确定。

第五十一条　在供电设施上发生事故引起的法律责任，按供电设施产权归属确定。产权归属于谁，谁就承担其拥有的供电设施上发生事故引起的法律责任。但产权所有者不承担受害者因违反安全或其他规章制度，擅自进入供电设施非安全区域内而发生事故引起的法律责任，以及在委托维护的供电设施上，因代理方维护不当所发生事故引起的法律责任。

※ 劳务分包已明确，损害责任即清晰

案例四：李某诉宋某、贾某、某电器有限公司等提供
劳务者致害责任纠纷案

一、案情简介

2019年10月19日，被告宋某给原告李某打电话，因某村的外墙装修，雇请原告干活，一天工资200元。10月22日下午，原告在工作过程中被1万伏电压击伤，后宋某及工友将原告送至某市人民医院治疗。经查明，某电器有限公司承包的某供电公司的工程，后某电器有限公司又将部分工作分包给贾某和宋某。原告认为各被告未按法律规定提供安全的工作场地和安全设施，遂诉至法院。

二、裁判结果

一审法院判决：一、被告某电器有限公司赔偿原告李某医疗费、住院伙食补助费、营养费、护理费、误工费、交通费、残疾赔偿金、精神损害抚慰金、鉴定费等共计176725.72元，限本判决生效之日起十日内付清；二、驳回原告李某对被告某供电公司、被告宋某、被告贾某的诉讼请求。

二审法院判决：驳回上诉，维持原判。

三、法律分析

（一）李某是否对事故发生存在过错，是否应承担一部分责任

李某作为完全民事行为能力人，在工作过程中未尽到合理的安全注意义

务，存有一定程度过错，应对自己的损害后果承担相应的责任。

（二）某电器公司与贾某之间是否形成劳务分包法律关系，某电器公司、贾某、宋某之间责任如何分担

如果某电器公司与贾某之间形成劳务分包关系，则原告系向宋某、贾某提供劳务的过程中受伤。宋某、贾某作为劳务活动的组织者、指挥者、监督者、风险的防控者和原告劳作的受益者，对提供劳务者的活动应负有安全注意和劳动保护的义务，根据《中华人民共和国侵权责任法》第三十五条之规定，对原告的受伤应承担责任。

同时，某电器有限公司应当知道宋某、贾某没有相应资质，将自己承包的部分维修工程分包给宋某、贾某施工，在选任分包工程中存有过错，根据《最高人民法院〈关于审理人身损害赔偿案件适用法律若干问题〉的解释》第十一条第二款之规定，应与宋某、贾某对原告在雇佣活动中受伤造成的损失费用承担连带赔偿责任。

但是经法院审理发现，某电器公司与贾某并无签订的正式书面合同，某电器公司提交的证据也不能充分证明双方系劳务分包关系，《安全责任承诺书》是双方在事故发生以后签订的，该行为有违常理和逃避责任的嫌疑，最终一审、二审法院认定恒固公司系通过被告贾某、宋某招募原告，某电器公司与李某之间形成雇佣关系，贾某、宋某与李某未形成雇佣关系，判令某电器公司承担80%责任，贾某、宋某不承担责任。

（三）德州公司作为涉案项目发包方，是否应当承担责任

某供电公司将涉案工程项目发包给有资质的某公司，约定施工现场由工程承包方某实业集团有限公司采取和做好安全措施，同时约定，如确需对部分施工作业进行劳务分包，应严格对劳务分包单位进行安全资质审查，不存在过错。同时，某供电公司与原告不存在合同或雇佣关系，不应承担责任。

四、启示与建议

1. 供电公司对外发包电力工程时，应当注意审查对方资质，确保合同合法有效，签订《安全协议》，就工程施工事项和施工安全责任等进行明确约定。

2. 强化对项目承包企业资质的动态评价以及履约阶段跟踪管理，禁止承包人转包及违法分包，避免或者减少纠纷。

五、相关法条

中华人民共和国侵权责任法

第十六条　侵害他人造成人身损害的，应当赔偿医疗费、护理费、交通费等为治疗和康复支出的合理费用，以及因误工减少的收入。造成残疾的，还应当赔偿残疾生活辅助具费和残疾赔偿金。造成死亡的，还应当赔偿丧葬费和死亡赔偿金。

第三十五条　个人之间形成劳务关系，提供劳务一方因劳务造成他人损害的，由接受劳务一方承担侵权责任。提供劳务一方因劳务自己受到损害的，根据双方各自的过错承担相应的责任。

中华人民共和国民法典

第一千一百九十二条　个人之间形成劳务关系，提供劳务一方因劳务造成他人损害的，由接受劳务一方承担侵权责任。接受劳务一方承担侵权责任后，可以向有故意或者重大过失的提供劳务一方追偿。提供劳务一方因劳务受到损害的，根据双方各自的过错承担相应的责任。

提供劳务期间，因第三人的行为造成提供劳务一方损害的，提供劳务一方有权请求第三人承担侵权责任，也有权请求接受劳务一方给予补偿。接受劳务一方补偿后，可以向第三人追偿。

※ 过错责任在自身，安全警钟要长鸣

案例五：刘某、刘某、刘某诉某县供电公司生命权纠纷案

一、案情简介

2019年10月5日下午，原告亲属刘某受被告某村村民委员会指派，在某村东北侧耕地内为村里新打的井洗井时触电，经某县人民医院抢救无效身亡。被告某供电公司作为电力设施的产权所有者和管理者应承担相应的赔偿责任。原告就赔偿事宜无法协商，故诉至法院。

二、裁判结果

被告某村民委员会于本判决生效后十日内赔偿原告刘某、刘某、刘某各项损失共计405688.87元。

驳回原告刘某、刘某、刘某其他诉讼请求。

三、法律分析

本案死者如系遭受电击死亡，供电公司不承担任何责任，因为涉案线路系农业排灌线路，某县供电公司不是涉案线路产权人，无需承担任何责任。死者作为完全民事行为能力人，也有安全注意的义务，死者是自身安全的第一责任人，其在夜间作业，更应注意安全，其应承担主要责任或全部责任。原告在诉状中称死者受雇于他人或为他人帮工作业，作业过程中发生的事故与某供电公司更无任何关系。

四、启示与建议

本案系因用电居民擅自带电接线，导致人身伤亡产生纠纷，从案件审理过程及结果可以看出，涉案供用电设施产权问题是本案胜败焦点问题。建议公司在签订居民供用电合同时，明确约定双方权利义务，并对免责或减责条款进行明确提示和说明，根据供用电线路变化情况，及时变更和完善供用电合同，保证合同约定的电力设施产权分界点与现场实际绝对一致。

五、相关法条

中华人民共和国侵权责任法

第二条　侵害民事权益，应当依照本法承担侵权责任。

本法所称民事权益，包括生命权、健康权、姓名权、名誉权、荣誉权、肖像权、隐私权、婚姻自主权、监护权、所有权、用益物权、担保物权、著作权、专利权、商标专用权、发现权、股权、继承权等人身、财产权益。

第十六条　侵害他人造成人身损害的，应当赔偿医疗费、护理费、交通费等为治疗和康复支出的合理费用，以及因误工减少的收入。造成残疾的，还应当赔偿残疾生活辅助具费和残疾赔偿金。造成死亡的，还应当赔偿丧葬费和死亡赔偿金。

第二十二条　侵害他人人身权益，造成他人严重精神损害的，被侵权人可以请求精神损害赔偿。

第二十六条　被侵害人对损害的发生也有过错的，可以减轻侵权人的责任。

最高人民法院关于审理人身损害赔偿案件适用法律若干问题的解释

第二十七条　丧葬费按照受诉法院所在地上一年度职工月平均工资标准，以六个月总额计算。

第二十九条　死亡赔偿金按照受诉法院所在地上一年度城镇居民人均可支配收入或者农村居民人均纯收入标准，按二十年计算。但六十周岁以上的，年龄每增加一岁减少一年；七十五周岁以上的，按五年计算。

中华人民共和国电力法

第三十四条　国家对电力供应和使用，实行安全用电、节约用电、计划用电的管理原则。电力供应与使用办法由国务院依照本法的规定制定。

中华人民共和国民事诉讼法

第一百七十条　第二审人民法院对上诉案件，经过审理，按照下列情形，分别处理：

（一）原判决、裁定认定事实清楚，适用法律正确的，以判决、裁定方式驳回上诉，维持原判决、裁定；

（二）原判决、裁定认定事实错误或者适用法律错误的，以判决、裁定方式依法改判、撤销或者变更；

（三）原判决认定基本事实不清的，裁定撤销原判决，发回原审人民法院重审，或者查清事实后改判；

（四）原判决遗漏当事人或者违法缺席判决等严重违反法定程序的，裁定撤销原判决，发回原审人民法院重审。

原审人民法院对发回重审的案件作出判决后，当事人提起上诉的，第二审人民法院不得再次发回重审。

※ 产权归属确定谁，法律责任属于谁

案例六：门某等人诉某县供电公司生命权、健康权、身体权纠纷案

一、案情简介

原告门某等人自称2019年6月13日晚7时左右，原告门某家的照明线路因电线杆倒地致使线路接头损坏，电线掉落在地面上的麦秸根上。原告的妻子李某在地里找小鸡时，趟在该电线上，李某在解脱腿上的电线时触电身亡。该照明线路及线路上的电表、漏电保护器等均是被告某县供电公司架设、安装和管理。由于线路架设不符合标准，漏电保护器没有及时起到保护作用，致使李某被电击死亡。为维护原告的合法权益，故依法提出上述诉讼请求。

二、裁判结果

一审法院判决依法驳回原告门某等人对某县供电公司之诉请。

二审法院判决驳回上诉，维持原判。

三、法律分析

本案系触电人身损害责任纠纷。根据《中华人民共和国电力部供电营业规则》第五十一条规定："在供电设施上发生事故引起的法律责任，按供电设施产权归属确定。产权归属于谁，谁就承担其拥有的供电设施上发生事故引起的法律责任"。根据以上法律规定，明确了以产权来确定责任的原则，由于本案产权是受害人自己，为此，本案应由受害人自己或者原告承担相应的责任。

四、启示与建议

1. 在供用电合同中明确双方权利与义务。本案系因用电居民自行维护管理自己的线路中发生的触电伤亡案件，从案件审理过程及结果可以明确看出，产权问题是承担责任的前提，因此，建议公司在后续工作中对居民用电合同及其他供用电合同中进行明确约定双方权利义务，并对免责或减责条款进行明确提示和说明。

2. 建立事故诉讼应对机制。如果是本公司所有的。应立即收集第一手证据，拍下现场照片，回公司调取发生事故点的有关维修、检修记录或相关的告知函，派专人或请相关部门调查在发生事故时是否在电力设施保护区内从事法律、行政法规所禁止的行为，随时准备应对可能出现的诉讼，并把情况和所调取的资料一同报告公司的法律顾问。

3. 应以书面合同的形式明确电力设施的产权人及管理人，且越具体、越详细越好。各产权主体对各自管辖的范围承担法律责任（即赔偿责任）。

五、相关法条

中华人民共和国侵权责任法

第二条　侵害民事权益，应当依照本法承担侵权责任。

本法所称民事权益，包括生命权、健康权、姓名权、名誉权、荣誉权、肖像权、隐私权、婚姻自主权、监护权、所有权、用益物权、担保物权、著作权、专利权、商标专用权、发现权、股权、继承权等人身、财产权益。

第十六条　侵害他人造成人身损害的，应当赔偿医疗费、护理费、交通费等为治疗和康复支出的合理费用，以及因误工减少的收入。造成残疾的，还应当赔偿残疾生活辅助具费和残疾赔偿金。造成死亡的，还应当赔偿丧葬费和死亡赔偿金。

第二十二条　侵害他人人身权益，造成他人严重精神损害的，被侵权人可以请求精神损害赔偿。

第二十六条　被侵害人对损害的发生也有过错的，可以减轻侵权人的责任。

最高人民法院关于审理人身损害赔偿案件适用法律若干问题的解释

第二十七条　丧葬费按照受诉法院所在地上一年度职工月平均工资标准，以六个月总额计算。

第二十九条　死亡赔偿金按照受诉法院所在地上一年度城镇居民人均可支配收入或者农村居民人均纯收入标准，按二十年计算。但六十周岁以上的，年龄每增加一岁减少一年；七十五周岁以上的，按五年计算。

中华人民共和国电力法

第三十四条　国家对电力供应和使用，实行安全用电、节约用电、计划用电的管理原则。电力供应与使用办法由国务院依照本法的规定制定

中华人民共和国民事诉讼法

第一百七十条　第二审人民法院对上诉案件，经过审理，按照下列情形，分别处理：

（一）原判决、裁定认定事实清楚，适用法律正确的，以判决、裁定方式驳回上诉，维持原判决、裁定；

（二）原判决、裁定认定事实错误或者适用法律错误的，以判决、裁定方式依法改判、撤销或者变更；

（三）原判决认定基本事实不清的，裁定撤销原判决，发回原审人民法院重审，或者查清事实后改判；

（四）原判决遗漏当事人或者违法缺席判决等严重违反法定程序的，裁定撤销原判决，发回原审人民法院重审。

原审人民法院对发回重审的案件作出判决后，当事人提起上诉的，第二审人民法院不得再次发回重审。

※ 经营者认定不明确，当事人利益失衡

案例七：王某诉某酒业有限公司、某县供电公司、
某省电力公司触电人身损害责任纠纷案件

一、案情简介

2017年7月21日，原告王某在某酒业的配电室内收拾货物时，被高压电击伤，后经治疗右手前臂截肢。2017年8月14日，原告以"该出租屋所有权人为被告某酒业有限公司，某县供电公司具有管理职责。某县供电公司系被告某省电力公司的分支机构"为由，向某县人民法院提起诉讼。诉讼请求为"依法判令三被告赔偿原告医疗费、误工费、护理费、伤残赔偿金、精神抚慰金等共计人民币60万元"，后变更赔偿金额为1034532.6元。

二、裁判结果

一审法院判决：一、被告某酒业有限公司一次性赔偿原告王某各种费用共计105453.18元；二、被告某县供电公司一次性赔偿原告王龙各种费用共计215906.36元；三、驳回原告其他诉讼请求。

二审法院判决：一、撤销某县人民法院民事判决；二、某酒业公司于本判决生效十日内赔偿王龙各项损失共计204906.36元；三、某县供电公司于本判决生效十日内赔偿某某各项损失共计409812.72元；四、驳回王某的其他诉讼请求。

三、法律分析

（一）涉案电力设施经营者的认定问题

在高压电致人损害案件中，鉴于电能的特殊性，应根据谁对高度危险作业设备拥有支配权并享受运行利益，来认定高压电的经营者。对《中华人民共和国侵权责任法》第七十三条中"经营者"的含义，应当正确理解。在电力设施的经营者的认定上，应当坚持电力设施产权人和经营者的统一。电力设施的产权人即是电力设施的经营者，不能割裂电力设施产权人和经营者的关系。电力设施产权人在享有电力供应带来利益的同时，也应当承担由此带来的风险，这样才符合权利义务一致原则。

（二）责任的划分

在触电人身损害赔偿案件中，应当按照受害人承担过错责任原则、产权归责原则确定赔偿责任主体。原告诉称是在某酒业所有和维护管理的电力设施上发生的触电事故，应当按照产权归责的原则确定事故责任。原告自身有过错，应自负责任。法律依据是《供电营业规则》第五十一条规定："在供电设施上发生事故引起的法律责任，按供电设施产权归属确定。产权归属于谁，谁就承担其拥有的供电设施上发生事故引起的法律责任。但产权所有者不承担受害者因违反安全或其他规章制度，擅自进入供电设施非安全区域内而发生事故引起的法律责任，以及在委托维护的供电设施上，因代理方维护不当所发生事故引起的法律责任。"

四、启示与建议

1. 在触电人身损害赔偿纠纷案件中，应当主张按照受害人承担过错责任原则、产权归责原则，确定赔偿责任主体。

2. 在触电人身损害赔偿纠纷案件中，应当正确理解和适用《供电营业规则》第五十一条规定和《中华人民共和国侵权责任法》第七十三条规定。电力设施产权人在享有电力供应带来利益的同时，也应当承担由此带来的风险，这样才符合权利义务一致原则。

3.深刻领会法院判决结果的指引和评价作用。本案对类似触电案件中关于"经营者"的认定具有明显的指导、借鉴作用。

五、相关法条

供电营业规则

第五十一条　在供电设施上发生事故引起的法律责任，按供电设施产权归属确定。产权归属于谁，谁就承担其拥有的供电设施上发生事故引起的法律责任。但产权所有者不承担受害者因违反安全或其他规章制度，擅自进入供电设施非安全区域内而发生事故引起的法律责任，以及在委托维护的供电设施上，因代理方维护不当所发生事故引起的法律责任。

中华人民共和国侵权责任法

第七十三条　从事高空、高压、地下挖掘活动或者使用高速轨道运输工具造成他人损害的，经营者应当承担侵权责任，但能够证明损害是因受害人故意或者不可抗力造成的，不承担责任。被侵权人对损害的发生有过失的，可以减轻经营者的责任。

最高人民法院触电人身损害赔偿案件若干问题的解释

第二条　因高压电造成人身损害的案件，由电力设施产权人依照民法通则第一百二十三条的规定承担民事责任。